KB270722

가장 빠른 시간 내에 **중급회화** 끝내는 책

NEW Bunka® NIHONGO

NIHONGO | MIDDLE COURSE 중급회화

completed by Bunka Institute of Language

2

일본어 으뜸
(주)시사일본어사
book.japansisa.com

1987년 『New Bunka NIHONGO 입문회화 1,2 초급회화 1,2』를 출판한 이래, 그 다음에 이어지는 중급 교과서 작성이 본교 내의 큰 과제로 떠올랐습니다. 그러나 1990년 4월이 되어서야 비로소 작업에 착수할 수 있었습니다.

처음 기초 연구 단계에서는 그 때까지의 본교 내에서 이루어지고 있던 교육 내용과 문제점을 체크하였습니다. 그 다음 중급 레벨에서 요구되는 일본어 능력은 무엇인가, 어떻게 가르쳐야 할 것인가를 여러 각도에서 검토하여 1992년 가을, 『New Bunka NIHONGO 중급 1·2 試驗版』을 1차 완성하였습니다. 그 후 실제 수업에서 사용하면서 보충과 개정을 거듭하여 완성한 것이 바로 『New Bunka NIHONGO 중급 1·2』입니다.

1990년에 중급 교과서 작성을 계획한 이래, 이번 출판에 이르기까지 많은 분들이 정성어린 협조를 해 주셨습니다. 특히 이 출판을 기획해 주신 (전)文化外国語專門学校 保崎 優 부교장님, 기초 연구 단계에서 협력해 주신 (전)본교 교직원 小川 京子·齊藤 眞理子·足高 智恵子 선생님, 사용하시면서 많은 귀중한 의견을 주신 다른 교육 기관의 선생님 여러분, 그리고 본교에서 사용에 협조해 주신 선생님과 학생 여러분들께 이 자리를 빌어서 깊은 감사를 드립니다.

앞으로도 많은 분들이 사용해 주시고, 저희에게 여러 의견을 주시기를 진심으로 바랍니다.

1994년 2월

『New Bunka NIHONGO 중급 1·2』 작성 위원회

山本　真紀代

久野　由字子

三国　純子

安藤　葉子

工藤　節子

金田　智子

C · O · N · T · E · N · T · S

1. 이 책의 특징

이 책은 『New Bunka NIHONGO 입문회화 1,2 초급회화 1,2』 시리즈에 이어지는 교재로, 초급 단계의 학습(약 350시간)을 마치고 장래 일본의 대학이나 전문학교에 진학하기를 희망하는 일본어 학습자를 대상으로 작성했다.

초급에서는 문법을 체계적으로 습득하고 일본 생활에서 일상 직면하는 상황에서 의사 소통이 가능하도록 작성해쓴데, 이 『New Bunka NIHONGO 중급1, 2』에서는 거기에 덧붙여, 일본의 고등 교육 기관에서 교육을 받는 데 필요한 네 가지 기능(독해 · 청해 · 작문 · 발화)의 습득과 일본의 사회와 문화에 대한 이해의 심화를 목표로 하였다.

고등 교육을 받는 데에는 토론, 신문과 전문서적을 통한 정보 수집, 리포트 작성, 연구 발표, 레주메(요약) 등을 작성할 수 있는 능력이 요구된다. 이런 능력은 단지 어휘력과 문법 지식만으로 획득할 수 있는 것은 아니고, 또 단기간에 완전히 갖춰지는 것도 아니다. 예를 들면 토론을 하기 위해서는 자신의 의견을 말하고, 상대방의 의견과 차이점을 이해하고, 찬성 의견이나 반대 의견을 말하고, 상대방을 설득하는 능력이 필요하다. 이 책은 이들 하나하나의 기능을 부분적, 단계적으로 쌓아 종합적인 능력과 결부시키기 위한 최초의 단계이다.

또 초급에서는 일상 생활 장면을 중심으로 각 과를 구성했지만, 이 책에서는 그것을 더욱 확대해서 일본의 사회와 문화를 보다 넓게 이해하는 데 도움이 되는 것을 위주로 했다. 왜냐 하면 마과 그 말이 사용되는 사회와 문화는 분리할 수 없다고 생각했기 때문이다.

이 책에서는 이런 의도로 각 과의 토픽을 선택하고, 동기 제시에서 기능까지 전체 내용이 관련을 갖게 하고, 이를 통해 학습자가 일본 상황의 한 부분을 경험할 수 있도록 배려했다.

2. 각 과의 구성

▶동기 제시

각 과의 서두에 동기 제시 부분을 두어 그 과의 토픽을 나타냈다. 학습자가 그 과에서 다루어질 내용의 이미지를 확대해 가면서 이제부터 학습할 내용에 흥미를 갖도록 하는 것이 목적이다.

▶본문

각 과에는 두세 개의 회화, 또는 독해 형식의 본문이 있다. 회화 형식의 본문에서는 여러 가지 인간 관계와 장면을 다루어, 말과 표현 방법이 그런 요소에 의해 변화함을 나타냈다. 회화의 서두에는 등장 인물과 장면의 설명을 붙여, 회화가 이루어지고 있는 장면을 쉽게 상상해 볼 수 있도록 배려했다. 한편, 독해 형식의 본문에서는 투서, 앙케트, 에세이 등 학습자가 실제로 늘 대하는 것들을 실물에 가까운 형태로 제시했다.

또 각 본문의 끝에는 질문을 넣어 본문 내용의 이해에만 그치지 않고, 학습자가 그 내용에 대해서 의견을 말하거나 토의할 수 있는 교실 활동으로 연결시킬 수 있도록 연구했다.
본문은 CD에 수록했다.

▶문형
『New Bunka NIHONGO 입문회화 1,2 초급회화 1,2』 시리즈에서 취급하지 않았던 새로운 항목에다 이미 취급했던 것들도 부분적으로 다루었다. 다시 다루어진 항목은 복습이 필요하거나 의미와 용법을 확장시키고 싶은 것, 초급 단계에서는 이해에 그쳤지만 새로운 응용을 목적으로 하는 것 등이다. 각 문형에는 실제로 사용되는 상황을 알 수 있는 예문을 몇 개 제시했다. 또 예문 위에는 이해를 돕기 위해 그 문형이 가진 문법적인 의미와 사용법을 나타냈다.

▶표현 · 어구
회화나 문장 안에서 이해할 필요가 있지만 특별히 이 단계에서는 응용을 요구하지 않는 것, 초급에서 습득한 항목의 새로운 의미와 용법으로 소개하고 싶은 것을 다루었다.

▶연습
모든 문형에 관해 연습 문제를 작성했다. 쓰면서 연습할 것은 각 과의 뒤에 나오는 연습 문제에 넣었고, 교실 활동의 일환으로 구두 연습도 실었다.

▶기능
독해 · 청해 · 작문 · 발화, 그리고 네 가지 기능을 종합적으로 연습할 수 있는 활동을 다루었다. 앞에서도 말했듯이, 중급 단계에서는 앞으로 실제 활동을 할 수 있는 기초적인 기능을 쌓아 가지 않으면 안 된다. 따라서 각 기능을 학습하는 장면도 앞으로 일본의 고등 교육 기관에 진학하는 학습자가 만나게 될 실제 장면을 상정하여 설정했다.
청해 내용은 CD에 담았고, 각 과의 끝에 CD 스크립트를 실었다.

▶접속사와 부사
『New Bunka NIHONGO 입문회화 1,2 초급회화 1,2』에 이미 나온 것도 포함해서 각 과마다 접속사와 부사를 다루었고, 예문과 연습 문제를 실었다.

3. 그 외
총 학습 시간 : 약 100시간
총 신출 어휘수 : 약 1500개
표기와 한자 : 현대가나사용법에 따라 표기하고, 상용한자표를 기준으로 삼음.

第5課 それは世界中で使われている

목표

1. 수동문의 시점을 알고 문장을 읽고 바르게 이해하도록 한다.
2. 일상 회화에서 신변의 일에 대한 감상을 말하도록 한다.

문형

1. ～は、普通の名詞のように使われている
2. ウォークマンには、小さいヘッドホンが取りつけられている
3. ウォークマンは、１９７９年にソニーによって開発された
4. 数が増えるにつれて、 話題には上らなくなった
5. 疑いながら（も）彼らは仕事を続けてくれた
6. もう作り始めていたのだ／のである

표현・어구

1. スピーカーの代わりに小さいヘッドホンが取り付けられている
2. ～という新しいスタイルを生み出した
3. ウォークマンは爆発的に売れ始めた
4. 輸出台数もどんどん増えた
5. 便利だと評価される一方（で）、～
6. 使い方も多様化して、～
7. 身近な道具として親しまれている
8. その大きさと音質のよさに私は満足した
9. 私が旅行中に、 若い社員たちが名前を決めてしまった
10. 私（で）さえ、このような結果は予想できなかった

기능

청해 : 의견과 감상을 듣고 긍정적인지 부정적인지를 판단한다.
발화 : 잡담 중 의견과 감상을 말한다.

第6課 昔と今

목표

1. 현재와 과거의 상태와 사건을 묘사할 수 있도록 한다.
2. 명사 수식의 구조를 알고 문장을 읽고 바르게 이해하도록 한다.

문형

1. 新宿は東京都２３区のほぼ中央に位置しています
2. 東京都が発表した「新宿副都心建設計画」によって～
3. リーさんは日本語学校で勉強している留学生です
4. 甲州街道を荷馬車や牛車が走っていたんです

표현・어구

1. ちょっとごちゃごちゃした感じでした（擬態語）
2. 甲州街道を荷馬車や牛車が走っていたんです
3. 東口は西口と違って、にぎやかだった
4. カレーライスと言えば、「中村屋」が有名でした
5. そのころの値段で１円ぐらいしました
6. きちんとした服装で、～

기능

독해 : 에세이를 읽는다.
작문 : 자신의 추억의 장소에 대한 에세이를 쓴다.

第7課 調べて報告しよう

목표

1. 행사와 박물관 등에 대해 조사할 수 있도록 한다.
2. 회의 때 조사한 것을 간단하게 보고할 수 있도록 한다.

문형

1. ワークショップ**というのは**、 説明を聞く会のこと**ですか**
2. 江戸東京博物館はとても人気がある**らしい**ですよ
3. 花火大会も開かれる**ということです**
4. 橋を渡っている**うちに**、〜**ような気分になる**

표현·어구

1. 参加者を募集している**という記事**が出ていましたよ
2. 江戸時代**から**昭和**にかけて**の東京の様子が〜
3. この資料**によると** 〜 だそうです
4. 全日程参加できる人なら誰**でもいい**ということです

기능

청해 : 전화로 정보를 얻는다.
활동 : 조사한 것을 보고한다.

第8課　日本はどんな国ですか

목표

1. 의견과 요망을 상대의 감정을 의식해서 완곡하게 이야기할 수 있도록 한다.
2. 투고에서의 의견문의 구성을 알고, 의견의 핵심을 간파할 수 있도록 한다.

문형

1. 日本の大学生は遊びすぎの**ような気**がします
2. 確かにそう**かもしれません**ね
3. いろいろな意味がある**んじゃないでしょうか**
4. 皆さんに、 行事に参加して**いただきたい**と思います
5. 報告書は、 何回も直さ**なくてはいけない**
6. 言語能力は低下する**だろう**
7. 私たちは**何を**すればいい**のだろうか**
   大学で対策を考えるだけで、 十分な**のだろうか**
8. たぶん、 外観のよくない商品は売れない**のだろう**
9. 無駄な包装は見直したほうがいい**のではないだろうか**

표현·어구

1. 日本人の学生**に対して**どんな印象を持っていますか
2. **これは**私の個人的な印象**ですが**　〜と思います
3. ちょっと遊び**すぎ**のような気もしますけど
4. 真剣に勉強しない**なんて**、　ちょっともったいない〜
5. **というと？**
6. 笠井さんが今おっしゃった**ように**、〜
7. 最後に出てきたお菓子は、　**意外**と小さかった
8. 過剰包装に悩ま**される**ようになった
9. 迷惑**そうな顔**をされてしまった
10. 以前**と比べて**東京は人が増え、〜

기능

청해 : 대립하는 의견을 듣고 이해한다.

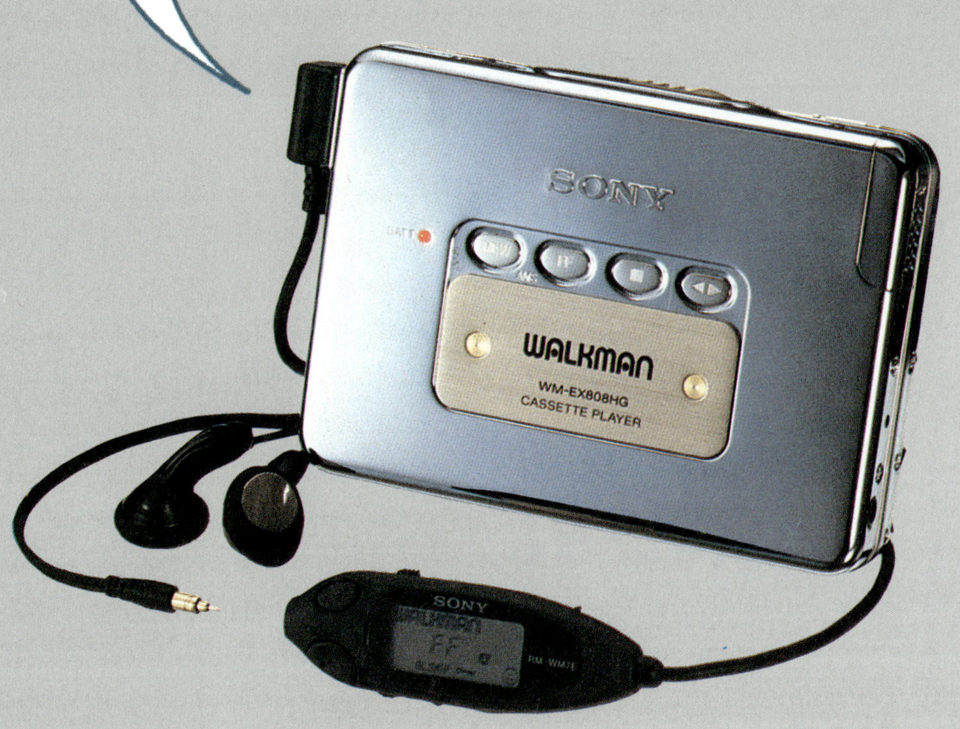

写真提供：ソニー株式会社

では、私のことについて皆さんがどのぐらい知っているか、
簡単なクイズをしてみましょう。

第1問　　誰が私を作ったか。
a. アメリカ人　　b. 中国人　　c. 日本人
第2問　　私はいつごろ作られたか。
a. 1970年ごろ　　b. 1980年ごろ　　c. 1990年ごろ

写真提供：ソニー株式会社

それは世界中で使われている

できましたか。答えは本文の中に書いて
あります。
さて、左ページの問題の中で、私は
このように違う言い方をしました。
この二つはどう違うのでしょうか。
それぞれどんな時に使うのでしょうか。
考えてみましょう。

1979年に出たウォークマン

ウォークマンの登場

　あなたはウォークマンを持っているだろうか。「ウォークマン」という名前は、普通の名詞のように使われている。しかし、実はもともと一つの会社の商品の名前である。正しい名前は「携帯用ヘッドホンステレオ」だが、それよりも「ウォークマン」と言ったほうがずっとわかりやすい。

　ウォークマンは、1979年にソニーによって開発され、発売された。その特徴は、手軽に持ち運べるように、小さく軽く設計されていることと、スピーカーの代わりに小さいヘッドホンが取り付けられていることである。これは、ヘッドホンを耳に付けたまま街を歩いたり乗り物に乗ったりするという新しいスタイルを生み出した。

　発売された直後はあまり売れなかったし、ニュースにもならなかった。ところが1980年になってからウォークマンは爆発的に売れ始めた。あちこちで売り切れたり予約が殺到したりした。その新しいスタイルは話題となり、若者の最新のファッションにもなった。他の会社からも次々によく似た製品が発売された。輸出台数もどんどん増え、海外でも生産されるようになった。クラシック音楽の指揮者カラヤンなどの有名人にも愛用され、それが評判になって、ウォークマンの人気はますます高まった。このようにしてウォークマンは世界中で使われるようになっていった。

　ウォークマンは、1980年代のはじめごろにはいろいろと話題になった。街や電車の中でヘッドホンを付け、自分だけの音の世界を楽しむというスタイルは、良くも悪くもざん新だった。使ってみた人から便利だと評価される一方で、教育関係者には、若者に悪い影響を与えると批判された。その批判は、若者が自分の世界に閉じこもって社会に関心を持たなくなる、というものだった。また、持ち運びに便利な小型の電気製品が、ウォークマンの後に次々に作られた。小さなウォークマンが社会や文化に与えた影響は、決して小さくなかったと言うことができる。

　1980年代の終わりごろになっても、ウォークマンの普及台数は増え続けた。多種多様な機能を持つものが出たが、数が増えるにつれてだんだん話題には上らなくなってきた。使い方も多様化して、音楽を聞くだけでなく、語学学習などのいろいろな目的のために使われるようになった。すっかり人々の生活に溶け込んだウォークマンは、今では文房具のような身近な道具として親しまれている。

●●●文型

1　「ウォークマン」という名前は、普通の名詞のように使われている。

●受身文…動作を受けるものに視点を置いて述べる

1.　公園の時計 が壊されました。　　＊からすが 公園の時計 を壊しました。

2.　この絵 は、1932年にかかれた。　　＊ピカソは、1932年に この絵 をかいた。

3.　ウォークマン は、便利だと評価　　＊カラヤンは、ウォークマン を
　　された。　　　　　　　　　　　　　便利だと評価した。

❷ ウォークマンには、小さいヘッドホンが取り付けられている。

●「Ａ（大きいもの）にＢ（小さいもの）を付ける」「Ａ（人）にＢ（もの）を贈る」などの受身文

Ａについて述べる受身文と、Ｂについて述べる受身文がある

＊ある技術者が、ウォークマン に 小さいヘッドホン を取り付けた。

「ウォークマン」について述べる受身文

1. ウォークマンは、一人で音を聞くためのものだから、スピーカーがない。その代わりに、ウォークマン には、小さいヘッドホンが取り付けられている。

「ヘッドホン」について述べる受身文

2. 工場の案内係：この工場では、いろいろなヘッドホンを作っています。この小さいヘッドホン は、ウォークマンに取り付けられます。

＊学校が、スピーチ大会の優勝者 に 賞品 を贈った。

「スピーチ大会の優勝者」について述べる受身文

3. Ａ：今度のスピーチ大会で優勝したら、何かもらえるんですか。
   Ｂ：ええ、優勝者 には、賞品が贈られます。

「賞品」について述べる受身文

4. Ａ：ここに置いてあるこの新しいワープロは何ですか。
   Ｂ：これは、今度のスピーチ大会の賞品です。この賞品 は優勝者に贈られるんです。

 ウォークマンは、1979年にソニー<u>によって</u>開発された。

●受身文の中で、「動作をするもの」を示す助詞

一般的には「に」で示す。

1.　公園の時計がからす<u>に</u>壊されました。

2.　ウォークマンは、多くの人<u>に</u>愛用された。

「開発する」「建てる」「書く」「発明する」「創立する」のように、「作る」という意味がある動作の時は、「によって」で示す。

3.　この絵は、1932年にピカソ<u>によって</u>かかれた。

4.　大阪城は、1583年に豊臣秀吉（とよとみひでよし）<u>によって</u>作られた。

「評価する」「批判する」「愛する」など、心の働きが相手に向かう時は、「に」または「から」で示す。

5.　ウォークマンは、使ってみた人<u>に</u>／<u>から</u>便利だと評価された。

6.　この歌は、おおぜいの人<u>に</u>／<u>から</u>愛されている。

「贈る」「与える」など、物が相手に向かう動作の時は、「から」で示す。

7.　このスピーチ大会の優勝者には、学校<u>から</u>賞品が贈られます。

 数が増える<u>につれて</u>、話題には上（のぼ）らなくなった。

●二つの変化が関係して起きる

1.　たばこを吸う人が増えるにつれて、喫煙室が汚くなってきた。

2.　輸送機関が発達するにつれて、お中元を自分で届ける人が少なくなってきた。

3.　暖かくなるにつれて、外へ遊びに出かける人が増える。

●●●表現・語句

1 | スピーカーの代わりに小さいヘッドホンが取り付けられている。

1. 父の代わりに、親戚のうちへあいさつに行った。
2. たばこを吸う代わりにあめをなめていたら、太ってしまった。
3. サンドイッチを買いに行ったがなかったので、代わりにおにぎりを買って帰った。
4. 今学期は筆記テストはしません。その代わりに、レポートを出してください。

2 | これは、ヘッドホンを付けたまま街を歩くという新しいスタイルを生み出した。

1. 日本人の中にも、敬語が上手に使えないという悩みを持っている人は多い。
2. はしを使って食事をするという習慣は、ヨーロッパにはない。
3. 目や鼻がかゆくてくしゃみが出るという症状は、花粉症の特徴だ。

3 | ウォークマンは爆発的に売れ始めた。

1. 彼の話し方はちょっと女性的だ。
2. 外国語の上達のためには、基本的な文法をよく勉強することが大切だ。
3. ビルの建設工事が本格的に始まった。
4. Ａ：チームの新しいキャプテンに山田君はどうですか。
　 Ｂ：そうですね。彼は性格的には向いているんですが、体力的にはちょっと…。

4 | 輸出台数もどんどん増え、海外でも生産されるようになった。

変化を表す自動詞

（輸出台数、旅行者、体重…）が増える ⟷ 減る／増加する ⟷ 減少する

（気温、物価、成績…）が上がる ⟷ 下がる

（評判、関心、水準…）が高まる

太る ⟷ やせる

1. 自動車の輸出台数は1970年代になって急に増えた。
2. 努力すれば成績は上がるが、しなければ下がる。
3. 国の経済が発展して、国民の生活水準が高まった。
4. 私は日本へ来てから太ってしまった。

変化の意味のない動詞には「〜ようになる」「〜なくなる」をつけて変化を表す

＊ いろいろな人々がウォークマンを使うようになった。

＊ 最近の若い人たちは、あまり敬語を使わなくなった。

5 | 便利だと評価される一方（で）、若者に悪い影響を与えると批判された。

1. 都市の人口が増えている一方で、地方では人口が減りすぎて困っている。
2. 夜も寝ないで働いている人がいる一方、一日中遊んでいる人もいる。
3. ごみを少なくしようという声が高まっている。しかし一方で、まだ使える家具や電気製品を捨てる人も多い。

6 | 使い方も多様化して、いろいろな目的のために使われるようになった。

1. 日本は明治以来、急速に近代化した。
2. 無理をしたので、病気が悪化してしまった。
3. 大都市が過密化するにつれて、いろいろな問題が出てきた。
4. 体の老化は、20歳ごろから始まっている。

7 | ウォークマンは、身近な道具<u>として</u>親しまれている。

1. 秋葉原は電気製品の街として有名だ。
2. カラヤンは、指揮者として世界中の人々に知られている。
3. はとは平和のシンボルとして愛されている。
4. 彼は医者としてはいい仕事をしているが、家庭の父親としては問題がある。

我が社の小さな製品

　歩きながら音楽を聞くことができる個人用のステレオを開発する。手軽に持ち運べるようにできるだけ小さく軽くする。小さくするために、これまでのテープレコーダーからスピーカーと録音機能を取り去り、代わりに小さなヘッドホンを取り付ける…。我が社でこの商品のアイデアが出た時、私はこれは成功すると確信した。しかし、技術者の多くはあまりこのアイデアに賛成ではなかった。私はきっと売れるはずだと主張したが、みんなは納得できない様子だった。彼らはスピーカーや録音機能の付いていないものを買う人はいないのではないかと疑った。しかし、疑いながらも彼らはしぶしぶ仕事を続けてくれた。

　最初の試作品ができた時、その大きさと、ヘッドホンから出る音の音質のよさに私は満足した。私はこのすばらしい新製品に一生懸命だったが、販売部門の人人はあまり熱意を見せず、これは売れそうもないと言った。私は製品の将来性を確信していたので、責任を取ると約束して生産に踏み切った。

　実は、私ははじめ「ウォークマン」という名前が好きではなかった。これは、私が旅行中に若い社員たちが決めてしまったものだ。私はもう少し英語の文法に合った名前に変えたほうがいいと言ったが、間に合わなかった。もう「ウォークマン」の名前で作り始めていて、広告の準備も終わっていたのだ。ところが、「ウォークマン」という名前は世界中で消費者の心をとらえてしまったのである。

　やがてウォークマンは国内でも海外でも大変な売れ行きを示すようになった。成功を信じていた私でさえ、このような結果は予想できなかった。我が社の小さな製品は世界中の人々の音楽の聞き方を変えてしまったのだ。

（盛田昭夫『MADE IN JAPAN　わが体験的国際戦略』より改訂）

盛田昭夫

1921年生まれ。1946年に井深 大と共に、東京通信工業（現・ソニー）を設立。1971年、ソニー社長に、1976年、同会長に就任。日本を代表する経営者の一人として知られている。

●●●文型

5 疑い<u>ながら（も）</u>彼らは仕事を続けてくれた。

動詞	行く	→	行きながら（も）
い形容詞	狭い	→	狭いながら（も）
な形容詞	不便	→	不便ながら（も）
名詞	小型	→	小型ながら（も）／小型でありながら

●矛盾する内容をつなぐ

1. 飛行機は大阪空港のそばまで行きながらも、強い風のため着陸できなかった。
2. たばこは体に悪いと知っていながら、やめることができない。
3. 「狭いながらも楽しい我が家」
4. このカメラは小型ながら性能がいい。

●二つのことを同時に行う（動詞だけ）

* 私はいつも音楽を聞きながら食事をします。

6 私は名前を変えたほうがいいと言ったが、間に合わなかった。
もう「ウォークマン」の名前で作り始めていた<u>のだ</u>。／<u>のである</u>。

●理由の説明

1. 私が会社をやめることを話しても、同僚たちは驚かなかった。みんなもう知っていたのだ。
2. 彼は大切な絵を売ることにした。金が必要だったのだ。
3. Ａ：昨日、来ませんでしたね。
   Ｂ：すみません。おなかが痛かったんです。

●結論を強調する

4. ウォークマンは、国外でも大変な売れ行きを示すようになった。我が社の製品は世界中の人々の音楽の聞き方を変えてしまったのだ。

5. 実験の結果は、私が予想したとおりだった。やはり私の考えは正しかったのだ。

6. 私はウォークマンという名前が好きではなかった。ところが、この名前は人々の心をとらえてしまったのだ。

7. 最近の若い人たちはあまり敬語を使わないと言われている。しかし、ある団体が高校生にアンケート調査をしたら、「敬語は現代の世の中に必要だ」と答えた人が80パーセント以上もいた。やはり彼らも敬語は必要だと考えているのだ。

●●●表現・語句

| 8 | 試作品ができた時、その大き<u>さ</u>と音質のよ<u>さ</u>に私は満足した。 |

形容詞の名詞化　　い形容詞　　　大きい　→　大きさ
　　　　　　　　　な形容詞　　　大切な　→　大切さ

1. あなたのスーツケースの大きさはどのぐらいですか。

2. 一円玉の厚さは、約1ミリです。

3. 電気製品の便利さに慣れてしまっている人は、電気がないと何もできない。

4. はじめてカード型の電卓を見た時、その薄さにびっくりした。

| 9 | 私が旅行<u>中</u>に、若い社員たちが商品の名前を決めてしまった。 |

旅行中、仕事中、授業中、工事中、留守中、準備中

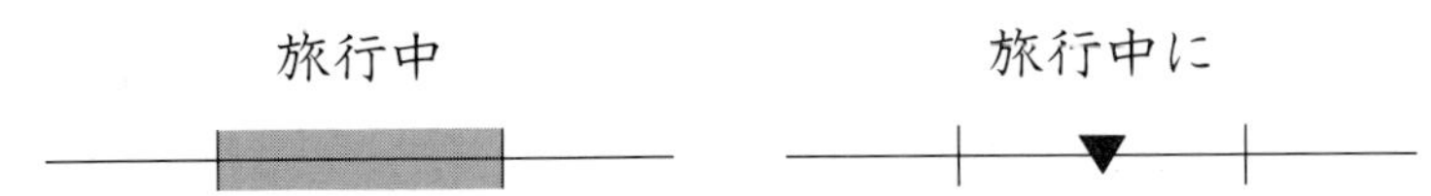

1. 旅行中、うちには誰もいなかった。

2. 仕事中、ずっと頭が痛くて集中できなかった。

3.

4. 私の旅行中に、うちにどろぼうが入った。

5. 仕事中に2回電話がかかってきた。

10 成功を信じていた私<u>(で)</u>さえ、このような結果は予想できなかった。

1. 日本人でさえ敬語を間違えるのだから、外国人が間違えるのも無理はない。

2. スポーツ選手でさえ、急に運動するとけがをすることがある。だから、普通の人は十分に準備体操をしたほうがいい。

3. 最近、私は忙しくてお茶を飲む暇さえない。

4. あの学生は3か月も日本語を勉強したのに、ひらがなさえ読めない。

●●●練習

a **本文 1**「ウォークマンの登場」と**本文 2**「我が社の小さな製品」を比べてみましょう。

1. 受身形をたくさん使って書いてあるのはどちらですか。……………………………………

2. **本文 1** と **本文 2** の中には、同じ事柄を違う視点から書いてあるところがあります。下の表にまとめてみましょう。

本文 1		本文 2	
5 行目	ウォークマンは 1979 年にソニーによって <u>開発され</u>、	1 行目	個人用のステレオを <u>開発する</u>。
✎	✎	1-2 行目	手軽に持ち運べるように できるだけ<u>小さく軽くする</u>。
7 行目	小さいヘッドホンが <u>取り付けられている</u>…	✎	✎

3. **本文 1**、**本文 2** の内容にそれぞれ当てはまるものを、一つずつ選びましょう。

    ア）ウォークマンを作っている会社の経営者が、自分の経験を書いた。

    イ）ウォークマンを買った消費者が、感想を書いた。

    ウ）評論家が、ウォークマンの歴史について客観的に書いた。

    エ）ウォークマンを売っている会社のセールスマンが、宣伝のために書いた。

    本文 1 ………………　　　本文 2 ………………

第5課  聴解 「意見や感想を聞く」

何人かの人にウォークマンについてどう思うか意見を聞いてみました。

［Ⅰ］

テープを聞いて、どの人の意見か例のように絵の中に記号を書きましょう。
そして、ウォークマンについて肯定的な気持ちを持っている人には○、否定的な気持ちを持っている人には×、どちらともいえない人には△を書きましょう。

大学教授・社会学者 54 歳　　　学生 19 歳　　　主婦 75 歳

OL 24 歳　　　電気店員 42 歳　　　会社員 35 歳

[II]

もう一度テープを聞いてください。今度はそれぞれの人がどんな点について話しているか聞いてみましょう。下の表を見ながらテープを聞いて、話しているところに○を付けましょう。一人の人が二つ以上の点について話していることもあります。

	A (例)	B	C	D	E	F
ウォークマンの品質、機能、種類	○					
社会全体に与える影響						
体に与える影響						
店の商品としてどうか						
自分がどんな時 ウォークマンを使うか						
ウォークマンを聞く時の マナー						

第5課  発話 「意見や感想を言う」

こんな経験はありませんか。

[Ⅰ]

普段の会話の中で「どう思いますか」「どうですか」などと聞かれた時には、どのように答えればいいでしょうか。「日本の食べ物」という話題について考えてみましょう。

1. 自然に話し始める

考えている間、黙ってしまうのはよくありません。そのような時は「前置き」をすると、自然に話し始められます。「前置き」には次のようなものがあります。

- 「そうですねえ…」
- 「日本の食べ物ですか…」
- 「私はまだよくわからないんですが…」

2. 具体的な話題を探す

相手が興味を持って話を続けてくれるように、身近で具体的なことを話しましょう。

ステップ1

「日本の食べ物」全体について話そうと思わないで、それに関係あることの中で、自分が何について話せるか考えてみましょう。

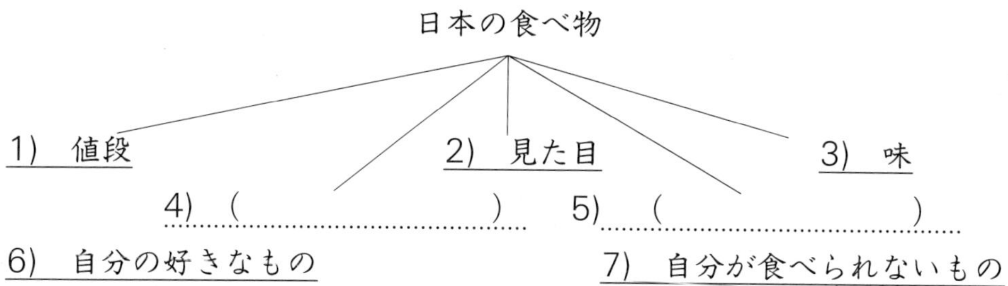

ステップ2

ステップ1で考えた話題について、あなたはどう思いますか。

1) 値段—————————とても高い
2) 見た目—————————きれいだ
3) 味—————————調味料の種類が少ない
4) (　　　　　　)——
5) (　　　　　　)——

3.　印象的に話す

意見や感想に「自分の考えの出どころ」を付け加えると、話が次につながりやすくなります。**2.**に付け加えられることを考えてみましょう。

1)　値段 ——————— とても高い
↑
| 私は外食することが多い |

2)　見た目 ——————— きれいだ
↑
| 日本料理の本を見た |

3)　味 ——————— 調味料の種類が少ない
↑
| 日本に長くいる先輩に聞いた |

4)　(　　　　) ——— ....
↑
|　　　　　　　　　　　　　　　|

5)　(　　　　) ——— ....
↑
|　　　　　　　　　　　　　　　|

「自分の考えの出どころ」は、「前置き」として言っても、後から言ってもいいです。では、実際の例を見てみましょう。

<会話例　1>

松田：リーさんはどう思いますか。

リー：そうですねえ…、私は外食することが多いんですが、とても値段が高いと思います。

松田：そうですか。リーさんはいつもどんな店で食べるんですか。

<会話例　2>

松田：リーさんはどう思いますか。

リー：ううん…日本の食べ物ですか…。そうですねえ…。日本の料理は見た目がとてもきれいですね。私は国で日本料理の本を見たんですけど…。

松田：リーさんは料理に興味があるんですか。

<会話例　3>

松田：リーさんはどう思いますか。

リー：そうですねえ…、私はまだよくわからないんですけど、調味料の種類がちょっと少ないんじゃないか[※]と思います。日本に長くいる先輩からも、そんな話を聞いたことがあります。

松田：調味料の種類ですか。リーさんの国には、どんな調味料があるんですか。

※意見にあまり自信がない時や、否定的な意見なので少し柔らかい言い方をしたい時は、「ちょっと〜」や「〜んじゃないか」という表現を使うことがあります。

[II]

いろいろな話題で、練習しましょう。

<話題例>　日本のテレビ番組、お酒、日本のデパート、銭湯、この教科書…

第5課　接続詞と副詞

●接続詞

1. 学校に遅刻しそうになったので、タクシーに乗った。（　　　　）、道が込んでいて30分も遅刻してしまった。
2. 最近、結婚しない女性が増えている。（　　　　）、結婚しても仕事を続ける女性も多くなってきた。
3. 学生にとって勉強は大切だ。（　　　　）、勉強だけがすべてではない。

{ しかし　　ところが　　また }

●副詞

1 もともと （本文1）

1. 漫画はもともと子供のためのものだったが、今では大人も漫画を読むようになった。
2. ここはもともと公園だったが、今は道路になってしまった。

2 良くも悪くも （本文1）

1. 有名人は、良くも悪くも人々に注目される。
2. 新宿は、良くも悪くも東京を代表する町である。

3 すっかり （本文1）

1. この村も都市化が進んで、昔とはすっかり変わってしまった。
2. 先日はお見舞いをありがとうございました。もうすっかり元気になりました。

4 きっと （本文2）

1. 彼はよく勉強したのできっと合格するだろう。

2. 明日のパーティーにはきっと来てください。

5 しぶしぶ （本文2）

1. 弟は母にしかられてしぶしぶ宿題を始めた。

2. 店の人は最初はだめだと言っていたが、何回も頼んだらしぶしぶ新品と取り替えてくれた。

6 やがて （本文2）

1. 何もないところにビルが建ち始め、やがて大きな町ができた。

2. はじめは全然泳げなかったが、一生懸命練習し、やがて1キロメートルも泳げるようになった。

▶▶▶

(1)

1. この土地は（　　　　　　　）私の父のものだったが、今はある不動産会社のものになっている。

2. 兄は運動が嫌いだが、医者に勧められて（　　　　　　）水泳を始めた。

3. テレビというものは、（　　　　　　）人々の生活に影響を与える。

{ しぶしぶ　もともと　良くも悪くも }

(2) ～～～の部分に注意して、〔　〕の中から適当な副詞を選びなさい。

4. 約束した時間を1時間過ぎても友達は来ず、（　　　　　　）夜になった。

5. 髪を短くしたら、（　　　　　　）印象が変わってしまった。

6. 空が急に真っ暗になってきた。（　　　　　　）もうすぐ雨が降ってくるだろう。

7. 明日の試験は大事ですから、（　　　　　　）休まないでください。

{ すっかり　決して　やがて　きっと }

変化の意味を持つ副詞

7 次々に （本文1）

1. マラソンが始まってから2時間半後、選手たちは次々にゴールインしてきた。
2. 友達が次々に風邪を引いて休んだのに、私はずっと元気だった。

8 どんどん （第2課 読解）

9 ますます （第2課 読解）

10 だんだん （本文1）

1. 春が近づいて、だんだん暖かくなってきた。
2. たばこをやめてから、だんだん体の調子がよくなってきた。

▶▶▶

1. 彼女は昔からきれいだったが、結婚して ｛ a. だんだん / b. 次々に / c. ますます ｝ きれいになった。

2. 昔から体が弱くて悩んでいたが、ジョギングを始めてから ｛ a. だんだん / b. 次々に / c. ますます ｝ 体力がついてきた。

3. 空港から飛行機が ｛ a. だんだん / b. 次々に / c. ますます ｝ 飛び立っていく。

4. 先輩に手伝ってもらったら、仕事が ｛ a. ますます / b. だんだん / c. どんどん ｝ 進んだ。

1〈文型1〉次の文の中で、適当なほうに○を付けなさい。

1. 私は、どんなに売れなくても
   商品の安売りはしないつもりなので、
   売れなかった時は迷わず
   　a．服を捨てます。
   　b．服は捨てられます。

2.

あれは東京タワーです。
　a．1958年に東京タワーを造りました。
　b．東京タワーは1958年に造られました。

3. この本棚の本は、日本の代表的な小説です。
   　a．夏目漱石は1906年にこの「坊ちゃん」
   　　という小説を書きました。
   　b．この「坊ちゃん」という小説は、
   　　1906年に夏目漱石によって
   　　書かれました。

4.

この時間は世界的に有名な科学者、
キュリー夫妻について話をします。
　a．キュリー夫妻は1898年にラジウムを
   　　発見しました。
　b．ラジウムは1898年にキュリー夫妻
   　　によって発見されました。
そして、二人は一緒にノーベル賞を
受賞しました。

2 〈文型1, 2〉 例のように、受身文の構造を考えて、下の表に整理しなさい。
表に書く前に、まず動詞の受身形に______を引き、その動作を受けたもの（〜された
もの）を、□で囲みなさい。

例1）　ウォークマンは、使った人から便利だと<u>評価された</u>。
例2）　ウォークマンは、海外でも<u>生産される</u>ようになった。

1．この建物は、1723年に建てられた。
2．学校の図書館は、毎日おおぜいの学生たちに利用されている。
3．ウォークマンは、いろいろな所で使われている。
4．彼は、悪い人だと思われている。
5．この建物は、1920年にフランス人の建築家によって設計された。
6．彼の小説は、おおぜいの人からわかりにくいと批判された。
7．日本で作られた電気製品は、値段が高い。
8．夏目漱石によって書かれた小説は、今も人気がある。

	（動作をしたもの） 誰が	（動作を受けたもの） 何を	（辞書形） どうする
例1）	使った人	ウォークマン	評価する
例2）	（省略）	ウォークマン	生産する
1.			
2.			
3.			
4.			
5.			
6.			
7.			
8.			

3〈文型1, 2〉 例のように下に元の文の形を書きなさい。まず、例文の動詞の受身形に＿＿＿＿を引き、視点があるものを □ で囲みなさい。

例）

誰	誰/何	何	どうする

[その新製品]には、おもしろい名前が付けられた。

（　省略　）が（　その新製品　）に（　おもしろい名前　）を　付けた

1.　オリンピックの優勝者には、金メダルが贈られる。

誰	誰/何	何	どうする

（　　　　　）が（　　　　　）に（　　　　　）を＿＿＿＿＿＿＿

2.　受験票は、2月の終わりごろに一人一人の受験生に郵送されます。

誰	誰/何	何	どうする

（　　　　　）が（　　　　　）に（　　　　　）を＿＿＿＿＿＿＿

3.　このピアノは、5年前に卒業生から学校に寄付された。

誰	誰/何	何	どうする

（　　　　　）が（　　　　　）に（　　　　　）を＿＿＿＿＿＿＿

4.　盗難事件の後、店には防犯カメラが取り付けられた。

誰	誰/何	何	どうする

（　　　　　）が（　　　　　）に（　　　　　）を＿＿＿＿＿＿＿

4 〈文型1, 2〉 ………… に「親」、「子供」、「名前」のどれかを入れなさい。

　　子供の名前には流行があって、人気のある名前は時代と共に変化する。例えば「一郎」という名前は大正14年ぐらいまではとても多かったが、昭和になると少なくなった。この　1.＿＿＿＿＿＿は「一番上の男の子」という意味なので、長男によく付けられた。子供の数が多かった時代には、　2.＿＿＿＿＿＿は、このように生まれた順番を表す名前をよく付けた。しかし、最近は　3.＿＿＿＿＿＿の数が一人か二人の家が多くなり、そのような名前は少なくなった。女の子の名前にも変化が起きている。昔は「和子」「敬子」のように「子」がつく　4.＿＿＿＿＿＿がよく付けられたが、最近はあまり多くない。

5 〈文型1, 2〉「〜れる」「〜られる」の使われている部分に＿＿＿＿を引いて、ア、イ、ウのどの使い方と同じか、下に記号を書きなさい。

　　　ア．このビルは10年前に、建てられた。
　　　イ．寮は学校に近いので、毎朝ゆっくり寝られる。
　　　ウ．先生はいつも9時ごろ来られる。

1．このパンは固くて食べられない。

2．米はアジアだけでなく、他の地域でも食べられている。

3．紙コップは、一回使われた後は捨てられる。

4．私はきのう「世界映画祭」を見に行った。いろいろな国でどんな映画が人々に愛され、見られているかがよくわかった。普通の映画館では見られない珍しい映画もあって、おもしろかった。

5．先日、私の先生が新しい作品を発表された。その作品は新聞や雑誌で、とてもすばらしいと高く評価された。

6 〈文型4〉 例のように、「〜につれて」を使って二つの変化の関係を表す文を作りなさい。

例)
> 寒い——遅刻する学生が？
> 寒くなるにつれて、遅刻する学生が増える。

1. 寒い——風邪を引く人が？

　　..

2. 仕事の経験年数が長い——給料が？

　　..

3. 交通が発達する——人々が旅行を？

　　..

4. 親しい——敬語を？

　　..

7 〈表現3〉「〜的な」や「〜的に」がどこにかかるか、例のようにしるしを付けなさい。

例)
> 健康のためには、規則的な生活をすることが大切だ。

1. 日本人は自分の考えを間接的に相手に伝えることが多い。

2. 訪問のマナーにはどんなものがあるか、具体的な例をあげて説明してみましょう。

3. 風邪を引いている時にお風呂に入っても医学的には問題ない。

8 〈文型4〉「〜ながら」の使われている部分に______を引いて、ア、イのどちらの使い方と同じか、（　　）の中に記号を書きなさい。

　　　ア．たばこは体に悪いと<u>知っていながら</u>やめることができない。
　　　イ．私はいつも音楽を<u>聞きながら</u>食事をします。

1．（　　　　　）辞書を引きながらカメラの説明書を読んだ。
2．（　　　　　）日本映画を見れば、日本の文化を理解しながら言葉も学ぶことができる。
3．（　　　　　）問題の答えがわかっていながら、書き方が不適当で点が取れないことがある。
4．（　　　　　）太郎さんは体は小さいながら、スポーツでは誰にも負けない。
5．（　　　　　）仕事をしながら学校に通って、看護婦の資格を取ろうと思っている。
6．（　　　　　）日本人でありながら敬語の使い方を知らない人がいる。

9 〈文型5〉 次の文章の中には、文末に「のだ／のである」を使ったほうがいいところが一か所あります。それはどこか考えましょう。

1．その日は朝から雨だった。しかし、私はその日、出かけなくてはいけなかった。彼女と会う約束があった。

2．入学してはじめて隣りのクラスの三木さんに会った時、昔どこかで会ったことがあるような気がした。しかし、どこで会ったか思い出せなかった。ある日、全部の学生の名簿を見る機会があった。私は三木さんの名前と出身地を見て驚いた。彼女は私の小学校のクラスメートだった。次の日、私は彼女にそのことを話した。彼女も非常に驚いた。

3．誰もがこの子供は大きくならないだろうと思った。医者も元気に育つのは難しいだろうと言った。学校の先生も、勉強を続けるのは無理だと思った。ところがそんな子供が数十年後、国を代表する政治家になった。

第5課　語句クイズ

［Ⅰ］適当なほうに○を付けなさい。

1. 私の叔父は、ちょうの研究をしているが、去年、新種のちょうを
   - a. 発見した。
   - b. 発明した。

2. ベルは電話を
   - a. 発見した。
   - b. 発明した。

3. 会社は次々にもっといい商品を
   - a. 創立する
   - b. 開発する

   ために、激しい競争をしている。

4. 新しいワープロは
   - a. 設計されて
   - b. 発売されて

   すぐに売り切れた。

5. 米を
   - a. 生産している
   - b. 発見している

   農家は、だんだん少なくなっている。

6. 建築家だった私の父は、たくさんのビルを
   - a. 生産した。
   - b. 設計した。

7. 彼女はアメリカから帰国した後、日本で最初の女子大学を
   - a. 創立した。
   - b. 開発した。

[II] {　　　}の中から適当な言葉を選んで(　　　)に書き、ふりがなを付けなさい。

1. このチョコレートは、先月発売された(　　　　　　　　)です。

2. 一つの商品ができるまでには、何回も(　　　　　　　　)が作られる。

3. 新しい商品のことを多くの人に知ってもらうために(　　　　　　　　)を出す。

4. 去年の冬はあまり寒くなかったので、暖房器具の(　　　　　　　　)がよくなかった。

5. この雑誌は人気があるので、毎週、すぐ(　　　　　　　　)。

6. 今日は暑いのでビールがよく(　　　　　　　　)。

{　広告　　試作品　　新製品　　売れ行き　　売れる　　売り切れる　}

[III] {　　　}の中の動詞を適当な形にして(　　　)に書きなさい。

1. 課長は失敗の責任を(　　　　　　　　)て会社をやめた。

2. 彼女の歌は、おおぜいの人々の心を(　　　　　　　　)た。

3. 仏教は日本文化に大きな影響を(　　　　　　　　)た。

4. 彼のことは、しばらく人々の間で話題に(　　　　　　　　)たが、やがて忘れられた。

{　与える　　とらえる　　取る　　上る　}

[IV] {　　　}の中の動詞を適当な形にして(　　　)に入れ、変化を表す文を完成させなさい。

1. 国が豊かになったので、一般の人々も高い品物を(　　　　　　　　　)。

2. 昼間は暖かかったが、夜になって気温が(　　　　　　　　)。

3. 最近、一日に吸うたばこの本数が20本から30本に(　　　　　　　　)。

4. 朝食や昼食にパンを食べる人が(　　　　　　　)。

5. 前は毎日自分で食事を作っていたが、このごろはあまり(　　　　　　　　)。

6. 最近、政治に対する関心が(　　　　　　　)てきた。

7. 病気でしばらくあまり食べられなかったので(　　　　　　　)てしまった。

> 高まる　　増える　　減る　　上がる　　下がる
> 太る　　やせる　　買う　　使う　　作る　　食べる

[V] {　　　}の中の言葉を適当な形にして(　　　)に書きなさい。

1. 日本は明治以来、急速に(　　　　　　　)ました。

2. 無理をしたので病気が(　　　　　　　)てしまいました。

3. 20歳ごろから、体が(　　　　　　　)始める。

4. 若い人が都会に出て行ったため、農村は(　　　　　　　)てしまった。

> 老化する　　近代化する　　過疎化する　　悪化する

[VI]　{　　　}の中から適当な言葉を選んで(　　　)に書きなさい。

1.　彼は自分の意見が正しいと(　　　　　　)したが、周りの人に聞いてもらえなかった。

2.　彼は、試験問題を見た時、今度は絶対合格すると(　　　　　)した。

3.　彼の最初の小説は、難しすぎてわかりにくいと(　　　　　)された。

4.　彼の設計した橋は、美しくて安全だと(　　　　　)された。

5.　彼は、敬語の問題が試験に出るだろうと(　　　　　)して、そこだけ勉強した。

{　予想　　批判　　確信　　主張　　評価　}

第5課　「意見や感想を聞く」

●A

A：すみません。あのう、すみません。

B：…。

A：あのう、ちょっと伺いたいんですが。

B：…。

A：あのう、ちょっとイヤホンを外していただけませんでしょうか。

B：あ？

A：あ、あのう、ウォークマンについてどう思いますか。

B：ああ、これ、ううん、ああ、これねえ、この間トヨバシ電機で買ったんだ。いい音だよ。低い音もしっかり聞こえるし、高い音もすっごくきれいだし…。マイクつけて録音もできんだよ。

A：はあ。

B：ウォークマンこれで5台目ぐらいかなあ、買ったの…。
　　今度、水の中でも使えるし、たたいても踏んでも落としても壊れないってのが出たでしょ。そういうのもほしいなあ…。

●B

A：あのう、おばあちゃん、ウォークマンってご存じですか。

B：え？　ウォーキ…何てんですか。

A：ウォークマン。ほら、耳にイヤホンをこう…。

B：ああ、ああ、あの若い人がよくしてるやつでしょ。

A：はい、はい。

B：あれ…、耳にふたして歩き回って危なくないんですかねえ。

A：いえ、そんなことは…。

B：はあ、よくできてんですねえ。

A：ああいうの、どう思われますか。

B：そうですねえ。私はよくわかりませんけどねえ…。あんなに耳の近くで音を出して耳が悪くならないんですかねえ。

A：はあ。

B：耳にふたして、そん中で…頭ん中で、音楽を鳴らしてるんでしょう。

A：ええ、まあ…。

B：そしたらあなた、頭もだめになりませんかね。

A：いえ…まあ…そんなことはないと思いますけど…。

●C

A：あのう、ウォークマンについて伺いたいんですが…。

B：ああ、今、売れてますよ、結構。いろんなタイプ、いろんな機能のついたもの合わせて1日20台ぐらい出てますよ。

A：はあ。

B：種類もどんどん増えてますね。ええ、例えばこのごろ人気があるのは、と、そうですね、録音機能のついたの、ラジオやテレビの音が入るもの、なんかですね。
A：はい。
B：音もずいぶんよくなってまして、質の高い音を求める方にも満足していただけると思いますよ。
A：そうですか。
B：ええ、それから、ボディーの色もこれまでの黒とかだけじゃなくて、ピンクやブルーのに人気がありますね。
A：はあ。
B：プレゼントとして買って行かれる方も多いんですよ。
A：そうですか。
B：これからも、もっともっと売れるんじゃないかと期待してます。

●D
A：すみません。ウォークマンについて、どんな感想、というか、ご意見をお持ちですか。
B：ええ？　ウォークマンですか。ううん、えっと、あのう、電車とかで、音が、ヘッドホンから漏れて、シャカ
　　シャカシャカシャカすっごくうるさい人って、よくいるじゃないですか。
A：はい。
B：あれって、自分では絶対気がつかないし、「もう、うるさい」って感じで、やだなあって思いますけど…。
A：はあ。
B：でも、ちゃんと気をつけて、ちゃんと他人の迷惑を考えれば、別に、ウォークマンそのものが、悪いんじゃな
　　いので、使う人が気をつければいいと思います。

●E
A：あのう、ウォークマンについてなんですけど、どのように思われますか。
B：ああ、ウォークマン…そうですね…、うん…私は、あのう、いつも通勤電車の中でウォークマンを聞くんです
　　けど…。
A：はい。
B：いや、うちは遠いもんですからね。毎日1時間半の通勤時間をどう過ごすか、ということで、あれはけっこう
　　役に立つと思いますよ。
A：ああ、そうですか。
B：込んでいて新聞を広げられないような時でもあれなら大丈夫ですしね。場所、とらないから。
A：はあ。
B：疲れて帰る時なんかも、ちょっとの間、いろんなことを忘れて、そのう…その時聞いている音楽の世界の中
　　で自分一人、ぼうっとしていられる…というか…。
A：はい、
B：雑誌を読んだりするより、体にもいいと思いますけどね。目が悪くなることもないし。リラックスして肩の
　　力を抜いて、というか、回りの、その…混雑の中に自分がいる、というストレスから逃げることができるんで
　　すから、体にいいんだと思いますが…。

●F
A：あのう、先生はですね…、ウォークマンについてどのように考えていらっしゃいますか。
B：ウォークマン、について、ですね。そのう、このう、ウォークマンというのはですね。このう、人間と音楽の
　　関係、それから人間と人間の関係を、変えてしまった、すっかり変えてしまった、と、私は思うんです。
A：はあ…。
B：もともと、音楽というものは、他人と、ほかの人々とですね、一緒に聞いて、一緒に楽しむものであったわけ
　　です。

A：はい。

B：ところが、そこにこのウォークマンという機械ができた。こいつが、この機械ができてからは、人々は別々に一人一人、音楽を聞くようになったのです。同じ場所にいる人々が一人一人別々の世界を作って、その中に閉じこもる。同じ場所にいても、そこにはコミュニケーションが、コミュニケーションがない、ないんです。

A：はあ。

B：これは人間にとって、社会的な動物である人間にとって、よくないこと、いや、恐ろしいことではないですか。機械によって人間のコミュニケーションが破壊され、社会というものが…。

A：せ、先生、お、お話がちょっと難しくなってきましたのでもう少し、あの…その…

B：いや、君、つまりですね、社会というものは、人間の社会とは…。

昔と今

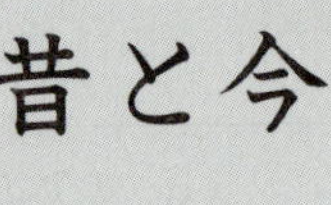

古い順に並べかえてみましょう。　…………　→　…………　→　…………

新宿の今

新宿は 東京都23区のほぼ中央に位置しています。新宿駅東口付近には、デパートや飲食店などがたくさんあり、ショッピングや娯楽の街として親しまれています。日曜日になると買い物や遊びに出かける人たちが多く集まり、街は若さと活気にあふれています。また、新宿駅を利用する人の数も多く、その数は全国一とも言われています。

　一方、西新宿には、超高層ビルが次々と建設され、新しい町づくりが進められています。新宿のこの町づくりは、1960年（昭和35年）に東京都が発表した「新宿副都心建設計画」によってスタートしました。1991年（平成3年）3月に、東京都庁が丸の内から移転し、近代的な新庁舎も建設されて、新しい都心として注目されています。

新宿駅東口付近（1993年/平成5年）

西新宿にある東京都庁舎（1993年/平成5年）

●●●文型

1 新宿は東京都23区のほぼ中央に位置し<u>ています</u>。

●位置や地形などを表す

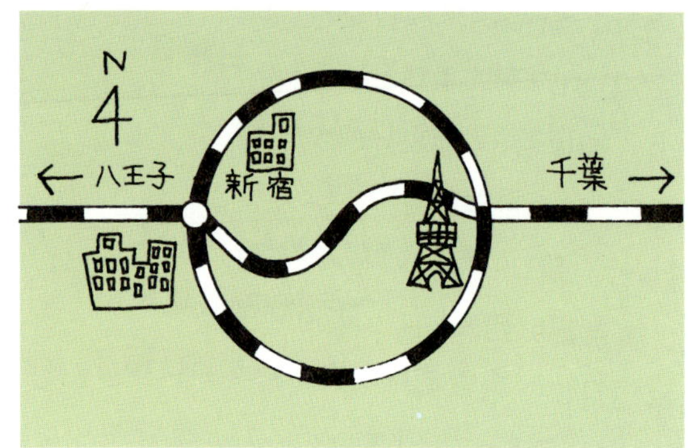

1. 中央線は東京の中央を通り、東西に伸びています。

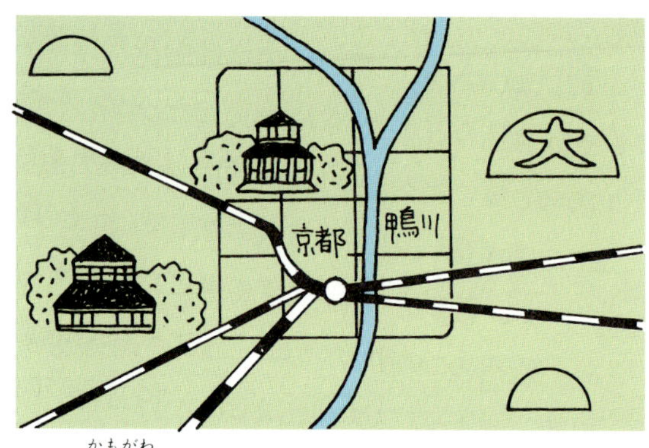

2. 鴨川は京都の街を南北に流れています。

3. 小川さんのマンションは、国道に面して建っています。

4. 昔この辺には、食堂やいろいろな店が建ち並んでいました。

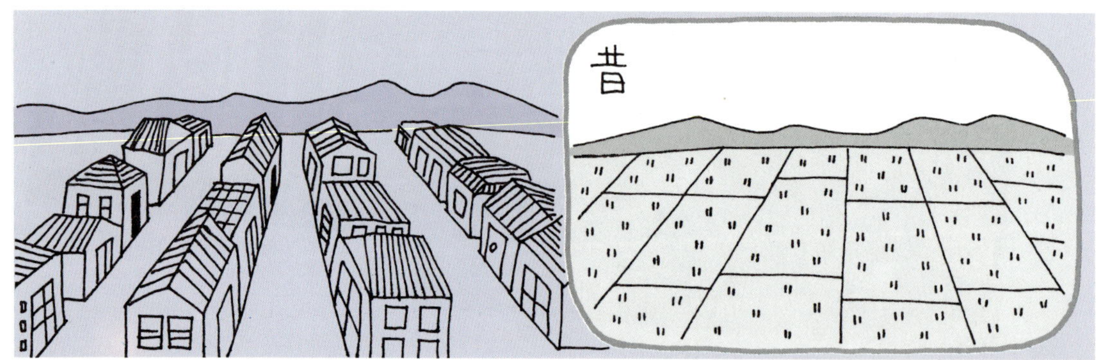

5. 昔このあたり一帯は家もなく、田んぼがずっと遠くまで広がっていたのですが、今は住宅がたくさん建っています。

●町や建物などの雰囲気や様子を表す

6. 新宿の街は、若さと活気にあふれています。

7. 国会議事堂の建物は
   古くてどっしりとしています。

8. 浅草は世界各地からの観光客で
   にぎわっています。

9. 休日の官庁街は人通りもなく、
   ひっそりとしています。

 この町づくりは、<u>1960 年に東京都が発表した</u>「新宿副都心建設計画」によって
スタートしました。

●名詞修飾

1. 日本の大学や専門学校に進学する外国人学生は、毎年増えています。
2. 今度使う教科書を買いに、大きい本屋へ行った。
3. 昨日は、いつも行く喫茶店が休みだったので、ほかの店に行った。
4. 去年、友達と北海道へ旅行に行く計画をたてたが、実現しなかった。

5. 去年日本の大学や専門学校に進学した外国人学生は、何人いると思いますか。
6. 京子：今、何してるの。
   幸子：昨日友達がくれた本を読んでるの。
7. 私が小学校を卒業した年に、弟が生まれました。
8. 私は、飛行機の時間に遅れて乗れなかった経験があります。

●●●練習

a 50ページと 51ページの絵や写真を見て、ほかにわかることを説明してみましょう。

新宿の昔の話を聞く

登場人物●リーさん：日本語学校で勉強している留学生。19歳。
夏休みの自由課題で、昔の新宿についてレポートを
書こうと思っている。
大山さん：リーさんが寮の先生に頼んで紹介してもらった人で、
昭和5年（1930年）ごろから新宿に住んでいる。65歳。

リー：今日はお忙しいところ、おじゃましてすみません。

大山：いいえ、いいんですよ。私で役に立つことがあったら、何でも聞いてく
ださい。昔のアルバムも用意してみたんですよ。

リー：ありがとうございます。さっそくですが、今新宿は都庁や高層ビルが建
っていて、とても近代的なイメージがあるんですが、昔はどうだったん
でしょうか。

大山：そうですね。私が10歳ぐらいのころだから、昭和12、3年ごろのことで
すけど…。

リー：昭和12、3年ごろというと……、1940年ごろですよね。

大山：そうです。そのころの新宿の西口は、今のような高いビルなんか、もち
ろんありませんでした。小さい家がたくさん並んでいて、ちょっとごち
ゃごちゃした感じでしたね。

リー：今の西口とは全然違うんですね。

大山：ええ、車もあまりなかったし、甲州街道を荷馬車や牛車が走っていたん
ですよ。

リー：馬車や牛車ですか。信じられません
ね。じゃあ、そのころ電車はなかっ
たんですか。

大山：いやあ、電車は明治時代からありま
したよ。新宿駅もあったし、特に東
口の方は西口と違って、そのころか
らかなりにぎやかだったんです。

新宿駅東口付近（1932年/昭和7年）
『大東京都市写真帖』より

リー：そうなんですか。例えば、どんな建物があったんですか。

大山：これは昭和10年ごろの東口付近の写真なんですが、ちょっと見てくだ
　　　さい。この通りは路面電車が走っていて、デパートや映画館、それから、
　　　食堂なんかがたくさん建っていたんですよ。これは三越デパートですね。
　　　もうこのころには、8階建ての建物もあったんです。

リー：じゃあ、人通りも多かったんですね。

大山：ええ。今も新宿には、お酒を飲んだり、映画を見たりする所というイメ
　　　ージがありますけど、東口の方は昭和のはじめのころから今と同じよう
　　　な雰囲気があったんですよ。

リー：なるほど。ところで、そのころ新宿で外食する時は、どんなものを食べ
　　　ていたんですか。

大山：そうですね。だいたい今と同じようなもの、例えばラーメンやカレーラ
　　　イスなんかがありましたね。カレーライスと言えば、「中村屋」という店
　　　のカレーライスが有名でした。

リー：カレーは珍しい食べ物だったんですか。

大山：いいえ。カレーは明治時代に日本に入って来ていたから、そのころは、
　　　もうあまり珍しい食べ物じゃなかったんですけど、中村屋のカレーはイ
　　　ンド式の本格的なカレーで、高級レストランのイメージがあったんです。

リー：高級レストランのイメージですか。

大山：ええ、きちんとした服装で、少し緊張して食べた記憶があります。

リー：じゃあ、値段も高かったんですか。

大山：そうですね…。そのころの値段で1円ぐらいしました。ほかのカレーは
　　　15銭ぐらいでしたから、やっぱり高かったですね。

リー：15銭…銭は円より小さい単位ですか。

大山：ええ、1円は100銭だったんですよ。

　　　　　　　……………

リー：今日はお忙しいところ、本当にありがとうございました。レポートが完
　　　成したら、読んでいただきたいんですが…。

大山：ええ、楽しみにしています。がんばってください。

☆リーさんは、カレーの話の後にどんな質問をしたと思いますか。自由に考えて
みましょう。

昭和初期の1円は……			
たばこ	12 箱		
映画	2 回		
そば／ラーメン	10 杯	**その他**	
ビール（ジョッキ）	4 杯	銀行員の初任給	70 円
日本酒	1 本	家賃（2DK）	13 円
米	4 kg		

●●●文型

3 リーさんは<u>日本語学校で勉強している留学生</u>です。

●名詞修飾(〜ている/〜ていた)

1. 私が今勤めている会社は、小さな貿易会社です。
2. 今この学校で勉強している留学生は、全部で25人です。
3. 私が今住んでいるマンションは、5年前に買ったものです。

4. 私が20年前に勤めていた会社は、小さな貿易会社でした。
5. 私が昔通っていた小学校で、今私の子供が勉強しています。
6. 留学していた1年間は日本語力がどんどん伸びましたが、帰国したらまた元に戻ってしまいました。

4 甲州街道を荷馬車や牛車が走<u>っていた</u>んですよ。

●動作の繰り返しを表す

1. 姉は週3回英会話教室に通っています。
2. ここから向こうの島までフェリーが1日5回往復しています。
3. 田中　：長谷川さんは学生時代、どんな学生さんだったんですか。
   長谷川：そうですね…。勉強しないで、よく映画を見に行ってましたね。
4. 地下鉄ができる前、私はバスで通勤していました。
5. 去年、手術の後、3か月ぐらい薬を飲んでいました。

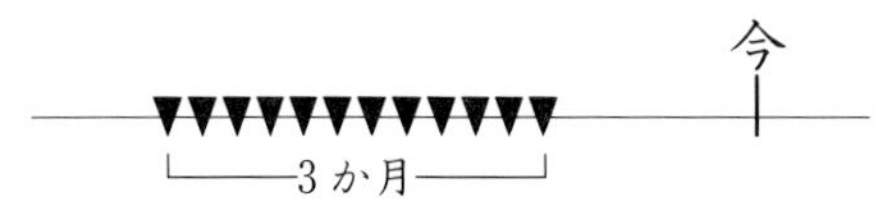

* バスに乗る前に酔い止めの薬を飲みました。

●●●表現・語句

1 | ちょっと<u>ごちゃごちゃ</u>した感じでしたね。

●擬態語

1. 駅前の道は、狭いのにいろいろな店が建ち並んでいて、ごちゃごちゃしています。
2. バスが止まって、中から人がぞろぞろと降りてきた。
3. この辺の道はでこぼこしていますから、自転車に乗る時は注意してください。

4. 試験に落ちたが、くよくよしてもしかたがないので友達と一緒に映画を見に行った。
5. 昨日は、バスがなかなか来なくていらいらした。
6. Ａ：面接試験、どうでしたか。うまくいきましたか。
 　Ｂ：それが、どきどきしてうまく話せなかったんです。

2 | 甲州街道<u>を</u>荷馬車や牛車が走っていたんですよ。

1. 私は日曜日に時々公園を散歩します。
2. この飛行機は今太平洋の上空を飛んでいる。
3. Ａ：すみませんが、お手洗いはどこにありますか。
 　Ｂ：あの階段を上がったところにありますよ。

3 | 東口は西口と<u>違って</u>、そのころからにぎやかでした。

1. 兄は私と違って、スポーツ万能で性格も活発だ。
2. 今は昔と違って電気製品がたくさんあるから、家事が楽です。
3. 地震はほかの災害と違い予知できないので、人々に恐れられている。

4 | カレーライス<u>と言えば</u>、「中村屋」という店のカレーライスが有名でした。

1.　A：最近、小型で性能がいいパソコンが増えてきましたね。

　　B：そうですね。パソコンと言えば、村田さんも最新型のものを買ったと言っていましたよ。

2.　京子：見て、この新聞。上野動物園のパンダが今度中国のパンダとお見合いするんですって。

　　母　：ふうん。そうそう、お見合いと言えば、目黒のおばさんから電話があって、紹介したい人がいるって言ってきたのよ。

　　京子：えっ、いやよ。

3.　学生A：杉浦先生の授業、来週は先生が学会で沖縄へいらっしゃるから休講なんだって。

　　学生B：そう。あっ、沖縄って言えば、今渋谷で沖縄音楽のコンサートをやってるんだけど、知ってる？

　　学生A：ううん。沖縄の音楽ってどんなの。

5 | そのころの値段で1<u>円</u>ぐらい<u>しました</u>。

1.　A：おいしそうなメロンですね。

　　B：そうですね。いくらぐらいするんでしょうか。

　　A：1個5000円はすると思いますよ。

　　B：えっ、5000円もするんですか。

2.　阿部　：今、レンタカーを二日ぐらい借りたら、いくらぐらいすると思いますか。

　　富士川：そうですね。最低3万円はすると思いますよ。

3.　着物は安いものもあるが、だいたい20万円以上するものが多い。

> **6** きちんとした服装で、少し緊張してカレーライスを食べました。

1. 彼は若いのに、堂々とした態度で意見を発表した。
2. レオナルド・ダ・ビンチは、芸術や科学などのあらゆる分野に優れた能力を発揮した。
3. 昔の西口には、小さい家が建ち並んでいて、ちょっとごちゃごちゃした感じのところもありました。
4. 私は、落ち着いた雰囲気のあるこの町が好きです。
5. 私は地方へ旅行に行った時は必ず朝早く起きて、その町の活気にあふれた市場を見て回ることにしています。

●●●練習

b あなたの昔の写真を持って来て、説明する練習をしましょう。

役に立つ表現

- 「これは私が中学の時の写真です。」
- 「日本に来る時、空港で友達に撮ってもらいました。」
- 「後ろに見えるのは富士山です。」
- 「私はこの自転車に乗って高校に通っていました。」
- 「このころ、私は卓球部に入っていて、毎日3時間練習をしていました。」

ほかにもいろいろな表現を使ってみましょう。

第6課　読解　「思い出の中の小さな駅」

　　高校生のころ、私は小さな村から町の高校まで汽車で通学していました。町までは、たった二両編成の汽車が単線の線路を走っていました。

　　広い田んぼの中にポツンと小さな駅が建っていて、駅前には自転車置き場と店が二、三軒あるだけでした。木造の駅舎は柱もベンチも古びて黒光りしていました。たった一つのホームへと続く改札口は、木の柵のような形をしていて、一時間に一本しかない汽車が近づいた時だけ開けられました。改札口の上に駅員さんが行き先を書いた札をかけながら、「お待たせしました。○○行きの改札です。」と言うと、待合室の人々がぞろぞろと並び始めるのでした。

　　町には高校がいくつかあったので、朝の駅は大急ぎで自転車を止めて駆け込んで来る学生たちであふれていました。私は毎朝少し早く来て、ある人の姿が見えるのを今か今かと待っていました。彼は私とは別の高校の一年先輩で、話をしたこともなかったのですが、なぜか気になってしかたがなかったのです。特にハンサムではなかったけれど、ちょっと背が高くて、夏の制服の白いシャツがすてきでした。彼はいつもぎりぎりに来たので、私は先にホームに出て改札口の方を振り返りながら、「あの人が私の隣に来て『おはよう』と言ってくれないかなあ。」「でも、もし本当にそうなったらどうしよう…」などと考えていました。

　　ある朝私は朝寝坊をして、駅に着いた時にはもう近づいてくる汽車の警笛が聞こえていました。慌てて自転車置き場に自転車を止めている時、隣にすっと入って来た自転車は彼のだったのです。私はびっくりしてドキドキしてしまいました。「おはよう。」彼が言いました。「おはよう…ございます…。」私の声は声になりませんでした。急いで改札を通って、いちばん後ろのドアから汽車に飛び乗りました。汽車の中でも私たちはすぐそばに立っていました。私は何か話したかったのですが、何をどう話していいかわからな

くて黙っていました。彼も緊張しているのか、私のことなど無視しているのか、
黙っていました。汽車の中の人々の目が、私たち二人を見ているような気がして、 30
いてもたってもいられませんでした。汽車が町に着いた時にはがっかりして泣き
たいような、それでいてほっとしたような気持ちでした。彼と私はちょっと目で
あいさつして、それぞれ別の方向へ降りて行きました。次の日からはなぜか駅で
彼と一緒になることはありませんでした。

　　　　しばらくして、彼が東京の大学に進学したことを人から 35
聞きました。私も次の年に隣の県の学校に進学して村を離
れ、そのままそこに残って就職しました。三年前に会社で
知り合った人と結婚して、子供も生まれました。このごろ
は忙しくて、村へ帰ることもめったにありません。ふるさ
とからの便りでは、あの単線は一昨年廃線になってしまっ 40
たそうです。汽車が来なくなった線路には雑草が生い茂り、
小さな駅舎だけがひっそりと建っているそうです。

［Ⅰ］

「思い出の中の小さな駅」を読んで、内容を理解しましょう。

1. 内容と合っているものには○、合っていないものには×をつけなさい。
   1) （　　）わたしは高校の時、自転車で通学していました。
   2) （　　）駅の周りにはあまり家がありませんでした。
   3) （　　）私があこがれていた男の人は、ハンサムで少し背が高い人でした。
   4) （　　）私は、その男の人と話をしたことがありませんでした。
   5) （　　）ある朝、私ははじめて自転車置き場でその男の人とあいさつをしました。
   6) （　　）私と男の人は、汽車の中でいろいろなことを楽しく話しました。

2. この人にとっての思い出の場所はどこですか。

3. なぜそこが思い出の場所なのですか。

[Ⅱ]

「思い出の中の小さな駅」に出てくるいろいろな表現を覚えましょう。

1. 下の{ }の中から適当な表現を選び、適当な形にして( )に入れなさい。

1) 荷物を運び出した後の部屋に、電話だけが（　　　　　　　）残っている。

2) これは鉛筆（　　　　　　　）をしているが、実は消しゴムだ。

3) 電車を降りて改札口に向かう人々が（　　　　　　　）ホームを歩いている。

4) 今日は兄の合格発表の日だ。母は、朝から兄からの電話を（　　　　　　　）
　　待っている。

5) 彼はいつも（　　　　　　　）学校に来るので、遅刻することが多い。

6) 好きな人の前では（　　　　　　　）て、何も言えなくなってしまう。

7) 彼は事故のニュースを聞いて（　　　　　　　）なった。彼の妻と3歳の息子
　　がちょうど同じころ出発した飛行機に乗ったのだ。

8) Ａ：映画はどうでしたか。おもしろかったですか。

　　Ｂ：そうですね。（　　　　　　　）おもしろいとは思いませんでしたが、
　　　　歴史の勉強に役に立つと思いました。

9) ゆうべよく寝たのに、なぜか眠くて（　　　　　　　）。

10) Ａ：よくカラオケに行きますか。

　　Ｂ：いいえ、（　　　　　　　）行きません。

{
　ぎりぎりに　　いてもたってもいられない　　ポツンと
　今か今かと　　ドキドキする　　ぞろぞろと　　特に
　しかたがない　　〜のような形　　めったに
}

2. 次の言葉を使って文を作ってみましょう。

1) びっくりする　　...

2) ほっとする　　...

3) がっかりする　　...

第6課　作文　「私の思い出の場所」

[Ⅰ]

あなたにとって思い出に残っている場所があったら、それを思い描いてみてください。

[Ⅱ]

作文の練習をしてみましょう。

1. 思い出の時代の説明：住んでいた所、どんなことをしていたかなど

　　　　　　　のころ、私は

2. 思い出の場所の説明：そこはどんな感じの場所だったか

　私が好きだった場所は

　そこは

3. 思い出の場所での出来事：そこでどんなことがあったか

　私がよく思い出すのは

　その時

4. 今の様子：思い出の場所は今どんな様子か

　今、そこは

[Ⅲ]

あなたの「思い出の場所」について自由にエッセイを書いてください。

第6課　参考1　名詞修飾の文

名詞修飾

最近［日本へ留学する］外国人 が増えてきました。

- ・［　　　］と　　　　　の関係を名詞修飾と言います。
- ・［　　　］の中では、「〜は」が「〜が」に変わります。

[I]

いろいろな名詞修飾の文を見て、修飾のしかたを考えましょう。

1.　田中さんは、今年25歳です。

   ↑

a. その田中さんはまじめです　　　→　［まじめな］田中さんは、今年25歳です。

b. その田中さんは大学を優秀な　　→　［大学を優秀な成績で卒業した］田中さんは、
成績で卒業しました　　　　　　　　今年25歳です。

c. 私はその田中さんを妹に紹介　　→　［私が妹に紹介した］田中さんは、今年25歳
しました　　　　　　　　　　　　　です。

2.　本を読みました。

   ↑

a. その本はおもしろいです　　　　→　［おもしろい］本を読みました。

b. 駅前でその本を買いました　　　→　［駅前で買った］本を読みました。

c. 弟はその本を図書館で借りま　　→　［弟が図書館で借りた］本を読みました。
した

3. 武さんはレストランでステーキを食べました。
   ↑

  a. そのレストランはきれいで　→　武さんは[きれいな]レストランでステーキを
    す　　　　　　　　　　　　　　食べました。
  b. そのレストランは渋谷にあ　→　武さんは[渋谷にある]レストランでステーキ
    ります　　　　　　　　　　　　を食べました。
  c. 山本さんはそのレストラン　→　武さんは[山本さんがアルバイトをしている]
    でアルバイトをしています　　　レストランでステーキを食べました。

4. 彼女は留学生です。
   ↑

  a. その留学生はまじめです　　→　彼女は[まじめな]留学生です。
  b. その留学生は台湾から来ま　→　彼女は[台湾から来た]留学生です。
    した
  c. その留学生はファッション　→　彼女は[ファッションの勉強をしている]
    の勉強をしています　　　　　　留学生です。
  d. 私はその留学生と一緒に勉　→　彼女は[私が一緒に勉強した]留学生です。
    強しました

[Ⅱ]

次の文の名詞修飾の部分を捜して、例のように書きなさい。

例）[速く話す] 先生の講義はわかりにくいです。

1. これは私が作ったケーキです。
2. 今度の夏休みは景色がいい所へ行きたい。
3. あれは渋谷へ行くバスです。
4. 作文をまだ書いていない人は早く書いてください。
5. 1週間前からずっと降っていた雨が今朝やんだ。
6. 私が住んでいるマンションは5年前に買ったものです。

第6課 | **接続詞と副詞**

●接続詞

1 一方 （本文 1）

1. 単語の覚え方は人によって違う。ある人は、何回も紙に書いて暗記するという方法で単語を覚える。一方、楽しみながら覚えたいという人は、好きなテレビ番組を見て単語を覚えている。

2. 都会では人口が増えすぎて土地が足りなくなるという問題が起きている。一方、田舎では人口が減少し、労働力が不足するということが問題になっている。

▶▶▶

1. お中元やお歳暮のための品物を買う時は、デパートが便利だ。商品の種類がたくさんあるから、いろいろ悩まなくてもいい。（　　　　）、頼めば直接デパートから発送してくれるから、忙しい人にとっては大変助かる。

2. 今日のお嬢さんのピアノの発表会、とてもよかったですね。（　　　　）お嬢さんは今年おいくつになられるんですか。

3. 都市は物価が高く空気が汚いなどの問題があるが、便利だという長所もある。（　　　　）田舎は空気がきれいで、食べ物が安くておいしいなどの長所があるが、不便だという問題がある。

{ 一方　　また　　ところで }

●副詞

1 ほぼ （本文 1）

1. 地下鉄の工事はほぼ終わった。
2. 私の部屋の広さは、ほぼこの部屋の2倍です。

2 特に （本文 2）

1. 梅雨が明けてから毎日暑い日が続いているが、今日は特に暑い。
2. 申し込みをされる方はここに住所、氏名、電話番号をお書きください。特にマンションやアパートに住んでいらっしゃる方は、お部屋の番号まではっきりとお書きください。

3 かなり （本文 2）

1. 彼は高校時代、1年間イギリスに留学していたのだから、英語がかなりできるはずだ。
2. Ａ：東都大学は入りやすいですか。
   Ｂ：いえ、東都大学の試験はかなり難しいですよ。

4 例えば （本文 2）

1. Ａ：東京近郊で、簡単に行ける観光地には、例えばどんな所がありますか。
   Ｂ：鎌倉とか箱根などがあります。
2. 日本の伝統的な食品も、その原料はほとんど海外から輸入されている。例えば、しょうゆの原料の大豆は、80パーセント以上アメリカから輸入されている。

5 たった （読解）

1. 私はビールをたった一口飲んだだけで、真っ赤になってしまう。
2. 私の友達は有名な大企業に就職したのに、たった2週間でやめてしまった。

6 なぜか （読解）

1. 月曜日はなぜか体の調子がよくない。
2. 私はあまり食べないほうなのに、なぜかすぐ太ってしまう。

7 めったに〜ない （読解）

1. 紅茶はよく飲みますが、コーヒーはめったに飲みません。
2. A：よく映画を見に行きますか。
   B：いえ、映画はあまり好きじゃないので、めったに行きません。

▶▶▶

1. 電気製品は（　　　　）新しいデザインのものが出るから、少し待ってから買ったほうがいい。
2. 最近は家でビデオを見ることが多く、映画館へは（　　　　）行かない。
3. いつも元気な長谷川さんが、今日は（　　　　）元気がない。
4. 引っ越しの準備は（　　　　）終わった。後はいろいろな手続きが残っているだけだ。
5. 妹は読書が大変好きで、（　　　　）2日間でこの厚い本を全部読んでしまった。
6. パクさんは日本へ来てもう10年になるから（　　　　）日本語が話せるはずです。
7. A：日本の高等教育機関には、（　　　　）どんな機関があるんですか。
   B：専門学校や大学などです。
8. 高校生活はとても楽しかった。（　　　　）夏のキャンプは忘れられない。

{ 特に　かなり　例えば　次々と　なぜか　めったに　ほぼ　たった }

第6課の最初のページ（P. 48）の写真

1. 相乗りバイクで遊びに出かける若い男女（1958年/昭和33年）
『写真にみる日本洋装史』より

2. 高層ビル群と車（1993年/平成5年）

3. 女学生が帰省するために人力車に乗るところ（1900年ごろ/明治時代後期）
『写真にみる日本洋装史』より

1、3の写真提供：文化学園ファッション情報センター

第6課　練習問題

1 〈文型1〉 例のように、あなたの知っている街の様子を説明しなさい。

例)　　（　大阪　）　　市内を大きな川が流れています。

　1.　（　　　　　）　...。

　2.　（　　　　　）　...。

　3.　（　　　　　）　...。

2 〈文型3〉 （　　）の中の言葉を「～ました」と「～ていました」のどちらかに変えて、
文を完成させなさい。

例)　　私は若いころ、オートバイに　乗っていました。（乗る）

　1.　私は去年、専門学校を　.............................。（卒業する）

　2.　私は日本に来る前にコンピューターの会社に　.............................。（勤める）

　3.　先日 NHK ホールで、スピーチコンテストが　.............................。（行う）

　4.　はじめて雪を見た時、本当にきれいだと　.............................。（思う）

　5.　今年の３月に新しいビルが　.............................。（完成する）

　6.　私は体が弱かったので、子供のころずっと薬を　.............................。（飲む）

　7.　この本は私が高校生の時、　.............................。（買う）
　　　とてもおもしろい本です。

3 〈文型2, 4〉 適当なほうに○を付けなさい。どちらでもいい時は意味の違いを考えなさい。

1. このニュースが社会に { a. 与える / b. 与えた } 影響は大きいだろう。

2. 先日 { a. お借りする / b. お借りした } 本をもう一度お借りしてもいいですか。

3. 私が { a. 通っている / b. 通っていた } 学校は新宿にあります。

4. 中学1年の時 { a. 教えていただく / b. 教えていただいた } 先生の影響で、クラシック音楽に興味を持つようになりました。

5. A：あれが、先週田中さんが { a. 話している / b. 話していた } ケーキのお店です。

   B：ああ、あの店ですか。

6. 私が { a. 勤めている / b. 勤めていた } 会社は池袋にありました。

7. きのうはじめて { a. 会う / b. 会った } 人と、来週一緒に { a. 映画を見に行く / b. 映画を見に行った } 約束をした。

4 〈文型2, 4〉 例のように名詞修飾の部分にしるしを付けなさい。

例) ［ソニーによって開発された］ウォークマンは爆発的に売れた。

例) ［［今朝行った］スーパーに勤めている］山田さんから
電話がかかってきた。

1. 私が独身時代によく食べていた野菜ラーメンは、そのころ250円でした。

2. 先日田中さんが紹介してくれた本は、今学生の間で人気がある本だそうです。

3. 今通っているスポーツクラブは、来月から他の場所に移る予定になっている。

4. 今度結婚する兄は、商社に勤めていた10年間に3回も転勤した。

5. 会社に入る時に保証人になってくれたおじは、父の弟で今丸山株式会社の部長です。

6. 目上の人と話す機会を避ける若者が多い。

7. リンさんは、秋葉原で20万円で買ったCDプレーヤーを、パクさんに3万円で売りました。

8. 鈴木さんは今度、私たちが結婚式をしたホテルで、出版記念パーティをするそうです。

9. 去年まで比較的入りやすいと言われていた早慶大学は、今年非常に入りにくくなった。

10. 桜川病院に入院している田中さんは、前に診察してもらっていた梅里病院に来週移るそうです。

第6課　**語句クイズ**

［Ⅰ］例のように、四つの中からほかの三つと違うものを選んで○を付けなさい。

例）　a. この辺　　b. 向こう　　ⓒ このごろ　　d. このあたり

1. a. ほっとする　　b. がっかりする　　c. いらいらする
　 d. ごちゃごちゃする
2. a. 東京　　b. 京都　　c. 大阪　　d. 新宿
3. a. 京都　　b. 明治　　c. 昭和　　d. 平成
4. a. 電車　　b. 馬車　　c. アルバム　　d. フェリー

［Ⅱ］{　　}の中の動詞を適当な形にして（　　）に書きなさい。

1. 夏休みになると、プールは子供たちで（　　　　　　　　　　）。

2. 渋谷や新宿の街には若い人がおおぜい集まり、活気に（　　　　　　　　）ている。

3. 外国を旅行する時は、簡単な会話を覚えておくと（　　　　　　　　　　）。

4. テストの結果が（　　　　　　　　　）て、夜も眠れない。

5. タイの友達が来た時、タイ語で話す練習をして少し上達したが、最近全然勉強していないので、（　　　　　　　　　）てしまった。

6. 学生たちは好きなことができる長い休みを（　　　　　　　　）ている。

{　役に立つ　　あふれる　　楽しみにする
　元に戻る　　にぎわう　　気になる　}

[III] {　　}の中の動詞を「受身形＋ている」の形に変えて（　　）に書きなさい。
　　同じものは2回使いません。

1.　新宿は新しい都心として（　　　　　　　　　　）。

2.　あの公園は若い人からお年寄りまで多くの人に（　　　　　　　　　　）。

3.　新しいビルが次々と（　　　　　　　　　）。

4.　新しい町づくりが（　　　　　　　　　）。

5.　予知できない災害は多くの人々に（　　　　　　　　　）。

$$\left\{ \text{親しむ　　恐れる　　進める　　注目する　　建設する} \right\}$$

[IV] 適当なほうに○を付けなさい。

1.　今日は面接試験だから、きちんとした $\left\{ \begin{array}{l} \text{a. 雰囲気} \\ \text{b. 服装} \end{array} \right\}$ で出かけよう。

2.　田中さんはおとなくして、落ち着いた $\left\{ \begin{array}{l} \text{a. 感じ} \\ \text{b. 能力} \end{array} \right\}$ の人です。

3.　ここから向こうは、でこぼこした $\left\{ \begin{array}{l} \text{a. 街} \\ \text{b. 道} \end{array} \right\}$ が続いている。

4.　人通りの少ない、ひっそりとした $\left\{ \begin{array}{l} \text{a. 道} \\ \text{b. 建物} \end{array} \right\}$ を一台の車が走って行った。

催し案内

歌舞伎ワークショップ

開催：一九九三年八月二十一日～八月三十日（十日間）

会場：国立劇場稽古場（東京都千代田区隼町四-一）

参加者：外国人に限る。

参加費：三〇、〇〇〇円（浴衣、帯、足袋等教材費に充当）

申込：参加希望者は連絡してください。

連絡先：〇三(三二六八)×××

区民のための「ベトナム料理の夕べ」

－御案内－

ベトナム料理店で働いているコックさんが作る本格的な料理を食べてみませんか。作り方も、お教えします。

場所　・区民センター

日時　・9月15日　11時～2時

参加費・1,000円

連絡先・☎03(5876)××××

☆みなさんはどんな催しに参加したいですか。

☆どこに問い合わせて、どんなことを聞けばいいですか。

掲示板

スポーツフェスティバル 参加者募集！

スポーツの秋、
みんなでスポーツをして、
汗を流しませんか。

場所	渋谷区スポーツセンター
日時	10月3日
参加資格	区内在住、在勤者
参加費	無料

問い合わせ先
渋谷区区民レクリエーション課
03(3922)××××

行ってみたい博物館

東京都
江戸東京博物館

場所　両国駅西口下車徒歩3分
時間　10時〜18時（金曜は21時まで）
入場料　500円
休館日　月曜日
電話　03−3626−9974

協力：東京都江戸東京博物館

催し案内

東都大学の国際交流クラブでは、外国人と日本人が一緒に楽しめるような行事を企画したり紹介したりしている。今日は、どんな催しの案内を掲示板に出すか話し合っている。

登場人物●笠井…国際交流クラブの部長。
小野…国際交流クラブで催し案内の係をしている。
ジョアン…アメリカからの留学生。国際交流クラブで催し案内の係をしている。

笠井：来月の催し案内には何を出しましょうか。「ベトナム料理の夕べ」の案内が来ているんですが、これ以外に何かおもしろそうなものはないでしょうか。

小野：今月の東京都の広報に、国際交流キャンプの参加者を募集しているという記事が出ていましたよ。

笠井：キャンプですか。場所はどこですか。

小野：伊豆大島です。

笠井：大島なら海もきれいでいいですね。詳しい日程はわかりますか。

小野：詳しい日程はわからないんですが、問い合わせ先が載っているので、電話してみます。

ジョアン：去年の今ごろ、国立劇場で歌舞伎ワークショップが開かれたって聞いたんですけど…。

笠井：歌舞伎ワークショップというのは、歌舞伎を見たり説明を聞いたりする会のことですか。

ジョアン：いいえ、歌舞伎を見るだけじゃなくて、参加者が実際に演じたりするらしいですよ。

笠井：それはおもしろそうですね。

ジョアン：じゃ、費用とか日程とか問い合わせてみます。

笠井：お願いします。それから、今年もまた渋谷区のスポーツフェスティバルがあるんですけど…。

ジョアン：スポーツフェスティバルってどんなことをするんですか。

小野：笠井さん、たしか去年参加したんですよね。

笠井：はい、去年はバレーボールとか野球をしましたけど…。今年は何をするのか聞いておきます。
では、行事関係はこれぐらいですか。じゃ後は、「行ってみたい博物館」のコーナーですが、どこがいいでしょうか。

小野：江戸東京博物館はどうでしょうか。江戸時代から昭和にかけての東京の様子がよくわかって、とても人気があるらしいですよ。

笠井：両国にある博物館ですね。開館時間とか休館日はわかりますか。

小野：先週、妹が行ったと言っていたので、聞いてみます。

笠井：じゃ、来週までにそれぞれ詳しい内容を調べてきて報告することにしましょう。

☆ここで話し合われた催しの中で、どれがおもしろそうだと思いますか。

●●● 文型

1 

歌舞伎ワークショップ<u>というのは</u>、歌舞伎を見たり説明を聞いたりする会の<u>こと</u>ですか。

●違う言葉で説明する

1.　A：ワークショップというのは何のことですか。

　　B：意見交換をしたり、新しい知識を紹介したりする研究会のことです。

2.　小春日和（こはるびより）というのは、冬なのに春のように晴れて暖かい日のことです。

3.　GNP というのは国民総生産のことだ。

4.　江戸時代、人々の身分は大きく「士農工商（しのうこうしょう）」の四つに分けられていました。

　　「士農工商」の「士」というのは武士のことです。

5.　速読というのは文章を速く読むことです。

6.　A：リサイクルって何のことですか。

　　B：中古品や一度使ったものを捨てないで再利用することです。

2

江戸東京博物館は、とても人気がある<u>らしい</u>ですよ。

基本体 ＋ らしい

　例外）　**な形容詞現在**　　　大変だ　→　大変らしい

　　　　　名詞現在　　　　　独身だ　→　独身らしい

●見たり聞いたりしたことから考えて言う／伝え聞いたはっきりしないことを言う

1.　電気がついていないから、まだ帰っていないらしい。

2.　（近所の主婦の立ち話）

　　主婦A：最近、千葉さんの息子さんを見かけませんね。

　　主婦B：アメリカへ留学したらしいですよ。

　　主婦A：まあ、そうですか。ちっとも知りませんでした。

3.　A：アパートを探したいんですが、不動産屋はどこがいいでしょうか。

　　B：上原不動産はどうですか。親切で良心的らしいですよ。

4.　富士川：最近、佐藤さんは、顔色が悪いですね。

　　　阿部　：ええ、どうも胃の調子が悪いらしいですよ。

　　　富士川：そうですか。

5.　山崎：斎藤部長、転勤するらしいですよ。

　　　飯田：本当？　誰に聞いたんだ。

　　　山崎：ちょっとうわさを聞いたんです。

　　　（1週間後）

　　　山崎：飯田さん、この間のことなんですけど…。

　　　飯田：何。

　　　山崎：斎藤部長、やっぱり転勤するそうですよ。昨日、御本人から伺ったんで
　　　　　　すけど、ロンドン支店の支店長になるそうです。

6.　アメリカでは成人病が増えていて、低カロリーの日本食が注目されているらし
　　い。

●●●表現・語句

1　東京都の広報に、国際交流キャンプの参加者を募集している<u>という記事</u>が出てい
ましたよ。

1.　新聞に、来月フランスの大統領が来日するという記事が出ている。

2.　1933 年に山形県で最高気温が 40 度を越えたという記録がある。

3.　日本には、月でうさぎがもちをついているという古くからの言い伝えがありま
　　す。

4.　1973 年にトイレットペーパーがなくなるといううわさが日本中に流れて、多
　　くの人々がスーパーに殺到した。

2　江戸時代<u>から</u>昭和<u>にかけて</u>の東京の様子がよくわかる。

1.　（天気予報で）今夜から明日にかけて大雨になるところがあるでしょう。

2.　7月から9月にかけてヨーロッパを旅行するつもりです。

3.　北海道の富良野（ふらの）は春から夏にかけての景色がいちばん美しい。

●●●練習

a 例のように言ってみましょう。

例）A：<u>ワークショップ</u>というのは何のことですか。
　　B：<u>意見交換をしたり、新しい知識を紹介したりする研究会</u>のことです。

1. 現住所／今住んでいる所
2. NHK／日本放送協会
3. シンポジウム／あるテーマについて何人かの講演者が意見を述べる討論会
4. 復元／古い建物や道具などを元の姿に戻す
5. レクリエーション／余暇を利用して運動や娯楽を楽しむ

b 例のように言ってみましょう。

例）A：<u>今度の校外学習はどこがいいでしょうか。</u>
　　B：<u>江戸東京博物館</u>はどうでしょうか。<u>昔の東京の様子がよくわかって、とても人気がある</u>らしいですよ。

1. 交流会の料理は何／カレーライス／作り方が簡単で外国人にも人気がある
2. 歓迎会のゲームは何／ビンゴ／参加者全員でできて楽しい
3. 校外学習はどこ／鎌倉／大仏やお寺など見る所がたくさんある
4. CDラジカセはどのメーカー／ロニー／デザインもいいし操作も簡単

報告する

　　　　（国際交流クラブの二度目のミーティングで）
笠井：まず僕から調べてきたことを報告します。
　　　ええと、スポーツフェスティバルですが、今年はゲームのようなものを
　　　するそうです。風船割りとか、パン食い競争とか。
ジョアン：パン食い競争？　パンをたくさん食べる競争ですか。
笠井：いいえ、走る競争なんですが、途中でひもにぶら下げてあるパンを、手
　　　を使わないで食べるんですよ。日本では運動会なんかでよくやるんです。
　　　日にちは10月3日で、場所は渋谷区スポーツセンターだそうです。
小野：私はキャンプと博物館について調べてきたんですが、キャンプは8月10
　　　日からだそうです。2泊3日で、魚のつかみどりもできるし、花火大会も
　　　開かれるということです。
笠井：費用はいくらですか。
小野：9,000円です。
笠井：ずいぶん安いですね。
小野：ええ、主催者側が費用の一部を負担してくれるんだそうです。ただ、参加
　　　資格が、2名以上の外国人家族じゃなくてはいけないということなんです。
笠井：家族二人以上で行ける人はあまりいないんじゃないでしょうか。
小野：ええ、そうですね。それから、「江戸東京博物館」については妹に聞いて
　　　きました。江戸時代の家の模型とか着ていたものなどが展示してあって、
　　　昔の東京の様子がよくわかるそうです。妹の話では、当時の日本橋が復
　　　元されていて、橋を渡っているうちに、江戸時代にタイムスリップして
　　　いるような気分になるということです。時間は10時から6時までで、
　　　入館料は500円だそうです。
笠井：そうですか。ぜひ行ってみたいですね。ジョアンさん、歌舞伎はどうで
　　　したか。
ジョアン：国際演劇協会日本センターという所に問い合わせたら、いろいろ資料を
　　　送ってくれたんです。この資料によると一日目が歌舞伎鑑賞、二日目が
　　　歌舞伎のシンポジウムで、三日目からプロの歌舞伎俳優が歌舞伎の演技
　　　指導をしてくれるそうです。
笠井：けっこう本格的なんですね。誰でも参加できるんですか。
ジョアン：ええ、全日程参加できる人なら誰でもいいということです。
笠井：じゃ、これも催し案内に出しましょう。

☆報告をする時に使う文型に下線を引きましょう。

 **●●●文型**

❸ 花火大会も開かれる<u>ということです</u>。

●人から聞いたり調べたりしたことを述べる

1. 休館日は月曜日で、祝日と重なる場合は翌日が休みになるということです。

2. 社員：課長、阿部さんは電車が遅れて少し遅くなるということです。

   課長：あ、そう。

3. 江戸東京博物館の人の話では、日本の歴史を知らない人が見ても十分楽しめる
   ということです。

4. ニュースによるとニューヨークの地下鉄で火事があったということだ。

5. 世の中には自分に似ている人が3人いるということだ。

6. 仏教は6世紀ごろ大陸から日本に伝わったということだ。

❹ 橋を渡っている<u>うちに</u>、江戸時代にタイムスリップしているような気分になると
いうことです。

●何かをしている間に、変化が起きる

1. 難しい本を読んでいるうちに眠ってしまった。

2. はじめはこわい人だと思っていたが、何度も会っているうちに優しさがわかっ
   てきた。

3. 母　　親　　　　　：子供がピアノの練習をいやがって困っているんですよ。

   ピアノの先生：だいじょうぶですよ。毎日練習しているうちにだんだん好きに
   　　　　　　　　　なりますよ。

●●●**表現・語句**

3 | この資料によると一日目が歌舞伎鑑賞、二日目が歌舞伎のシンポジウムだそうです。

1. 天気予報によると、今年は暖冬だそうだ。
2. 新聞によると、来月京都で環境問題の国際会議が開かれるそうだ。
3. 北海道に住んでいる知り合いの話では、今年の夏は寒くて7月になってもストーブを使っているということだ。

4 | 全日程参加できる人なら誰でもいいということです。

1. A：次回のミーティングはいつがいいですか。
   B：火曜日以外ならいつでもいいですよ。
2. 今度バザーをやります。いらない物があったら何でもいいから持って来てください。
3. 運送屋：どこに置きましょうか。
   小野　：どこでもけっこうです。その辺に置いといてください。

第7課　聴解　「情報を得る」

［Ⅰ］

いろいろな場所や催しについて調べる練習をしましょう。まず、1〜4は
記事を見てわかること、5、6は人の話からわかることをメモしましょう。

1.

大相撲博物館

場所　墨田区横綱一丁目三

☎○三―三六二二―○×××

相撲のすべてがわかる。

両国駅近く

2.

和紙の博物館

場所　東京都北区堀川
　　　三―二―一

交通　十条駅近く

☎○三―三九○○―三×××

各種講習会、紙すき実習など
がある。

メモ

大相撲博物館

・電話　　03-3622-0×××
・最寄り駅
・開館時間
・休館日
・入館料
・団体割引
・その他

メモ

和紙の博物館

・電話
・開館時間
・休館日
・入館料
・団体割引
・最寄り駅
・その他

3.

市川吉十郎による「外国人のための歌舞伎鑑賞教室」

（8月7日締め切り）

東京都立劇場。在日外国人に日本の伝統文化を理解してもらうための教室。実施日は8月4日、5日。舞台の上で、化粧や衣装の違い、動きの特徴を見せてくれる。そのあと、「義経千本桜（よしつねせんぼんざくら）」を鑑賞。「外国人のための歌舞伎鑑賞教室」実行委員会主催。

〈連絡〉

実行委員会　☎03（3424）2×××

4.

かるた資料館

日本全国のかるたを集めたかるた専門資料館。館長自身が収集した約二〇〇組のかるたを展示。予約すれば館長さんの話が直接聞ける。

☎03－3300－1×××

メモ

歌舞伎鑑賞教室

・電話
・実施日
・時間
・参加費
・参加資格
・定員
・その他

メモ

かるた資料館

・電話
・開館時間
・入館料
・予約が必要か
・その他

5.

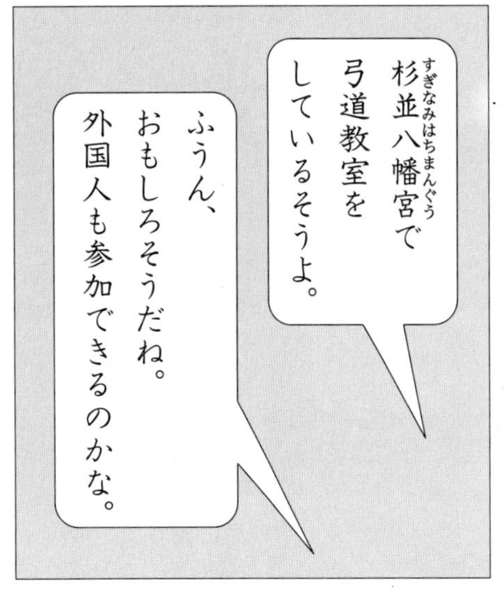

6.

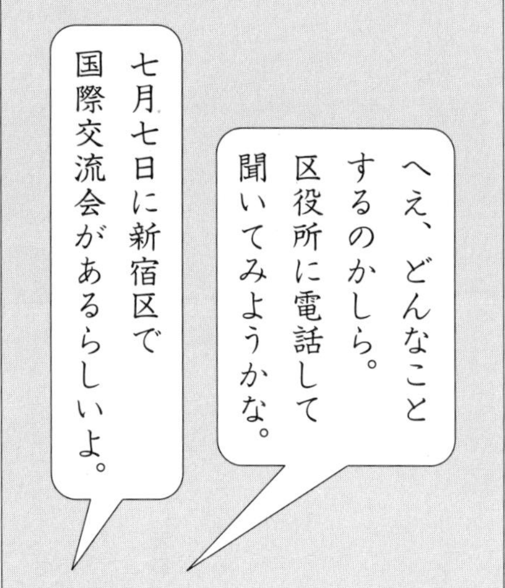

[II]

テープを聞いてメモを完成しましょう。

第7課  活動 「調べて報告しよう」

　みなさんは日本のどんな所を見てみたいと思いますか。また、どんな行事に参加してみたいですか。有名な博物館以外にも、おもしろい所はたくさんあります。いろいろな所について調べ、報告し合いましょう。そして、みんなで実際に行ってみませんか。

［I］

情報誌やガイドブックを見て、
おもしろそうな所を選ぶ

大相撲博物館
場所　墨田区横綱一丁目三
☎〇三ー三六二二ー〇×××
相撲のすべてがわかる。
両国駅近く

［II］

情報誌やガイドブックからわかること
をメモする

大相撲博物館
・電話　　03-3622-0×××
・最寄り駅　両国駅

［III］

もっと知りたい項目をあげる

1.　問い合わせる所が決まったら、
　　何を聞くかを考えて項目を
　　リストアップしてみましょう。

大相撲博物館
・電話　　03-3622-0×××
・最寄り駅　両国駅
・開館時間
・休館日
・入館料
・団体割引
・その他

［IV］

電話をかけて知りたいことについて尋ねる

1.　用件を切り出す時の表現を練習しましょう。
　　・「弓道教室についてちょっとお伺いしたいんですが…。」

- 「ちょっとお伺いしたいんですが、そちらの開館時間は何時から何時までですか。」
- 「新聞で歌舞伎教室の記事を読んだんですが、もう少し詳しいことを教えていただけないでしょうか。」
- 「国際交流会があるというのを区の広報で見たんですが…。」
- 「私は東都大学の留学生なんですが、そちらでかるたについて館長さんのお話が聞けるという記事を見てお電話したんですが…。」

2. 問い合わせの練習がすんだら、メモを用意して電話をしてみましょう。

[Ⅴ]
____

調べてわかったことを報告し合う

1. まず下線の表現に注意して、「聴解」で聞いた大相撲博物館についての報告を見てみましょう。

　　「私は大相撲博物館について調べました。開館時間は10時から4時までで、休館日は月曜日だそうです。入館料は300円だそうですが、団体割引があって、20名以上になると、一人200円になるということです。それから博物館の人の話では1時間あれば中を全部見ることができるということです。」

2. 「聴解」のメモ（P. 84〜86）を使って報告の練習をしてみましょう。

3. 博物館や催し物など実際に調べたことを報告し合いましょう。

☆皆さんはどこへ行きたいですか。

<参考資料>

催し物や行事を調べる時には、次のようなものが参考になります。

1) 博物館や資料館について
・『マップガイド 東京の文化施設』東京都情報連絡室
・伊藤大仁『東京の博物館 資料館 植物園』昭文社
・石井恒夫『子供のための博物館 首都圏のユニーク50館ガイド』フレーベル館
・『WEEKLY ぴあ』ぴあ株式会社

2) 地域の催しについて
・区や市長村の広報（配達される新聞に折り込まれる。役所、出張所、区や市の各種施設、駅の広報スタンドなどでも手に入る。）
・『国際文化交流情報誌ワールドプラザ』財団法人 国際文化フォーラム

その他 各種ガイドブック

第7課 | 接続詞と副詞

●接続詞

1 ただ （本文 2）

1. 授業は 7 月 20 日までです。ただ、その後三日間期末テストがありますから、休まないようにしてください。
2. Ａ：このキャンプ、誰でも参加できるんでしょうか。
   Ｂ：誰でもいいそうです。ただ、キャンプから帰ったら、必ず感想文を書かなくてはいけないんだそうです。

▶▶▶

1. このクラスではまずひらがなとかたかなを勉強します。（　　　）漢字を勉強します。
2. うちの近くの図書館は、本も多いし建物も新しくてとてもきれいです。（　　　）休館日が多いのがちょっと残念です。

$$\{\quad ただ \quad それから \quad つまり \quad\}$$

●副詞

1 それぞれ （本文 1）

1. このクラスには留学生が 5 人いますが、それぞれ違う国から来ています。
2. 都会にも田舎にもそれぞれいい点がある。

2 ちっとも〜ない （文型 2）

1. 先週の授業は難しくて、ちっともわかりませんでした。
2. 歯が痛い時は、何を食べてもちっともおいしくない。

3 どうも （文型2）

1. 昨日から笠井さんに電話をしているが、ずっといない。どうも旅行に行ってしまったらしい。

2. 空が曇ってきた。どうも雨が降り出しそうな感じだ。

4 ずいぶん （本文2）

1. 今年の夏はずいぶん暑かったですね。

2. A：ずいぶん遅かったけど、どうしたんですか。
   B：すみません。電車が事故で止まってしまって…。

5 けっこう （本文2）

1. 日曜日に区のスポーツフェスティバルでパン食い競争があったんです。外国人は少ないだろうと思って行ったら、けっこうたくさん来ていて、びっくりしました。

2. 昨日ディズニーランドへ行った。1日で全部見るつもりだったが、けっこう広くて半分も見られなかった。

6 十分 （文型3）

1. 今日の授業は午後からなので、今から行けば十分間に合う。

2. この冷蔵庫は中古品だけど、まだ十分使える。

▶▶▶

1. 年末やお盆の帰省ラッシュの時期は、電車も飛行機も { a. 十分 / b. ずいぶん / c. ちっとも } 込んでいるから早く切符を予約しておいたほうがいいですよ。

2. 最近は冷凍食品でも { a. 十分 / b. よく / c. どうも } おいしいものがたくさんある。

3. 小学生に算数を教えることになってテキストを見たら、
$\left\{\begin{array}{l}\text{a. ちっとも}\\\text{b. 十分}\\\text{c. けっこう}\end{array}\right\}$ 難し

くて困ってしまった。

4. 作文の宿題と読解の宿題をここに置きますから、
$\left\{\begin{array}{l}\text{a. けっこう}\\\text{b. それぞれ}\\\text{c. ずいぶん}\end{array}\right\}$ 一つずつ

取ってください。

5. あそこのレストランはおいしいという評判だったから行ってみたが、
$\left\{\begin{array}{l}\text{a. とても}\\\text{b. ちっとも}\\\text{c. ずいぶん}\end{array}\right\}$ おいしくなかった。

6. あの二人は最近あいさつもしない。
$\left\{\begin{array}{l}\text{a. どうも}\\\text{b. それぞれ}\\\text{c. 確か}\end{array}\right\}$ 何かあったらしい。

1 ＜文型1＞ ＿＿＿＿の言葉の意味を辞書で調べて、文を完成させなさい。

1．歌舞伎 ＿＿＿＿＿＿＿＿＿江戸時代に生まれた日本の伝統的な演劇 ＿＿＿＿＿＿です。

2．鎖国 ＿＿＿＿＿＿＿＿＿外国との交流や貿易をしない ＿＿＿＿＿＿です。

3．ボランティアというのは ＿＿＿＿＿＿＿＿＿＿＿＿＿＿＿＿＿＿＿です。

4．メリットというのは ＿＿＿＿＿＿＿＿＿＿＿＿＿＿＿＿＿点のことです。

5．転職というのは ＿＿＿＿＿＿＿＿＿＿＿＿＿＿＿ことです。

6．駅弁 ＿＿＿＿＿＿＿＿＿＿＿＿＿＿＿＿＿＿＿＿＿＿＿＿＿＿＿＿

7．輸入 ＿＿＿＿＿＿＿＿＿＿＿＿＿＿＿＿＿＿＿＿＿＿＿＿＿＿＿＿

8．短所 ＿＿＿＿＿＿＿＿＿＿＿＿＿＿＿＿＿＿＿＿＿＿＿＿＿＿＿＿

2〈文型2〉

(1) 例のように「そう」「らしい」に＿＿＿＿＿を引きなさい。

例）　［　天気予報によると明日は雨だそうだ。　］

1．山田さんに聞いたんだけど、佐藤さん来月アメリカに転勤するそうだよ。
2．長期予報によると、今年の冬は例年より暖かいそうだ。
3．祖父の話では、昔、甲州街道を馬車が走っていたそうだ。
4．新聞によると、来月タイの国王が来日するそうだ。
5．元気に外で遊んでいるところを見ると、もう風邪は治ったらしい。
6．あの人にはどうやら未来を予知する能力があるらしい。
7．幸子：裕子さんの彼、元気？

　　裕子：えっ？　ええ、まあ…。

　　幸子：あら、元気じゃないの？

　　裕子：さあ…。

　　（数日後）

　　幸子：どうも、裕子さんと彼、けんかしているらしいわよ。

　　緑　：ほんとう？

(2) 情報源が明確なものは番号を○で囲み、例のように情報源に〜〜〜〜を引きなさい。

例）　［　天気予報によると明日は雨だそうだ。　］

(3)「そう」「らしい」はそれぞれどんな時に使うか考えましょう。

そう　｜

らしい　｜

3〈文型2,3〉　………　に適当な言葉を書いて、文を完成させなさい。

1.　新聞に　………………………　最近また円が高くなってきた　………………………　。

2.　友達の話　………………………　今日の講義は休講だ　………………………　。

3.　子供部屋で音がしなくなった。子供達はもう寝た　………………………　。

4.　ニュース　………………………………………………………………………………　。

5.　天気予報　………………………………………………………………………………　。

6.　掲示板の催し案内　………………………………………………………………………　。

7.　博物館の人の話　…………………………………………………………………………　。

8.　うわさ　…………………………………………………………………………………　。

4〈文型4〉例のように（　　　）の中の言葉の順番と形を変えて「～うちに」を使った
文を完成させなさい。

例）　　　はじめは刺身が嫌いだったが、何度も食べているうちに好きになった。
　　　　　　　　　　　　　　　　（好きになる、何度も食べる）

1．10年前に日本へ来て　　　　　　　　　　　　　　　　　　　　　　　　　　　　　　
　　　　　　　　　　　（日本で生活をする、自分の国の言葉が下手になる）
　　　　　　　　　　　　　てしまった。

2．母にしかられて　　　　　　　　　　　　　　　　　　　　てしまった。
　　　　　　　　　（眠る、泣く）

3．新しい言葉が多くて大変だと思うかもしれませんが、
　　　　　　　　　　　　　　　　　　　　　　　　　からがんばってください。
　　　　　　　（わかるようになる、毎日勉強する）

4．昔の生活用品がいろいろ展示されていて、　　　　　　　　　　　　　　　
　　　　　　　　　　　　　　　　　（見る、子供のころに戻った）
　　　　　　　　　　　ような気分になりました。

5 〈文型2,3〉 太田さんとダニーさんの会話を読んで、「そうだ」「らしい」「ということだ」を使ってダニーさんがキムさんに伝える会話を完成させなさい。

太田　：最近 UFO を見た人が増えているらしいですよ。
ダニー：UFO って何のことですか？
太田　：UFO っていうのはね、宇宙人が
　　　　乗っている空飛ぶ円盤のことなんですよ。
ダニー：空飛ぶ円盤？
太田　：僕も一度だけ、見たことがあるんです。
ダニー：どこで見たんですか。
太田　：北海道で見たんです。高い山に登っていた時。
ダニー：へえ、どんな形でしたか。
太田　：ドーナツみたいな形でしたよ。

その後、ダニーさんは太田さんに聞いた話を
友達のキムさんにしました。
ダニーさんはキムさんに何と言うでしょうか。

ダニー：キムさん、UFO って知っていますか。
キム　：いいえ、知りません。何のことですか。
ダニー：宇宙人 ＿＿＿＿＿＿＿＿ そうです。太田さんは見たことが ＿＿＿＿＿
　　　　＿＿＿＿＿＿＿＿。
キム　：ええ、本当ですか。どこで見たんでしょうか。
ダニー：＿＿＿＿＿＿＿＿＿＿＿＿＿＿＿＿＿＿＿＿＿＿。
　　　　太田さんの話では ＿＿＿＿＿＿＿＿＿＿＿＿＿＿＿。
キム　：へえ、ドーナツに似ているんですか。
ダニー：最近、UFO ＿＿＿＿＿＿＿＿＿＿＿＿＿＿＿＿＿＿＿。

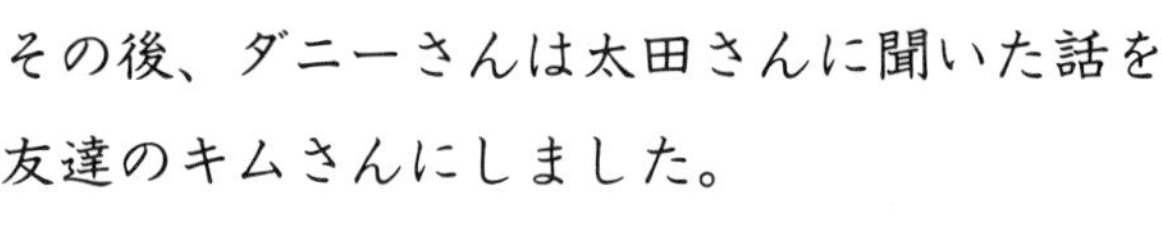

6 〈文型3〉 国際交流クラブの小野さんは新宿歴史博物館について調べました。調べた
ことを報告する文を完成させなさい。

新宿歴史博物館について

　私は新宿歴史博物館について調べました。見学先を決める今日の企画会議
に参加できないので、調べたことをまとめておきます。よろしくご検討くだ
さい。

- ・入館料　　一般　200円
  　　　　　　団体20人以上の場合は100円
- ・休館日　　月曜日　年末・年始
- ・開館時間　9時から5時まで

博物館の人の話によると ………………………………………………………………

………………………………………………………………………………………………

また、先日友人が行ったので、その人にも話を聞いてみました。その人の話
では、………………………………………………………………………………………

………………………………………………………………………………………………

いろいろ調べた結果、見学時間、料金も適当ですし、昔の人の生活もわかっ
ておもしろいと思うのですが、いかがでしょうか。

小野

第7課　**語句クイズ**

［Ⅰ］次の文はいろいろな催しについて係員に聞いている会話です。
　　　{　　}の中から適当な言葉を選んで(　　)に記号を書きなさい。

1.　～博物館

　　学生：そちらの(　　　)は何時から何時まででしょうか。

　　係員：午前10時から午後4時までです。

　　学生：月曜日に行きたいんですが……。

　　係員：毎週月曜日は(　　　)なので、やっていないんですが……。

　　学生：入るのにいくらかかりますか。

　　係員：(　　　)はひとり400円です。

　　学生：あのう、(　　　)はありますか。

　　係員：はい、30名以上になりますと、おひとり300円になります。

　　学生：場所はどこですか。

　　係員：(　　　)はJR渋谷駅です。

2. 〜教室

学生：（　　　）はありますか。

係員：はい、16歳から30歳までの方ということになっています。

学生：（　　　）はいくらですか。

係員：（　　　）はいりません。

$$\left\{\begin{array}{l} \text{a. 団体割引　　b. 参加資格　　c. 開館時間　　d. 最寄りの駅} \\ \text{e. 参加費　　f. 入館料　　g. 休館日} \end{array}\right\}$$

[II] 適当なほうに○を付けなさい。

1. 新聞に、昨日はこの夏最高の暑さだったという $\left\{\begin{array}{l}\text{a. 記録}\\ \text{b. 記事}\end{array}\right\}$ が出ている。

2. 数年前、このホテルで自殺があったという $\left\{\begin{array}{l}\text{a. 噂}\\ \text{b. 言い伝え}\end{array}\right\}$ がある。

3. この寺は、大正時代に火事で焼けてしまったが、平成に入って昔の設計図をもとに $\left\{\begin{array}{l}\text{a. 修理}\\ \text{b. 復元}\end{array}\right\}$ された。

4. このアルバムを見ると、昭和のはじめごろの東京の $\left\{\begin{array}{l}\text{a. 様子}\\ \text{b. 写真}\end{array}\right\}$ がよくわかります。

5. この映画クラブでは、毎月1回、映画を $\left\{\begin{array}{l}\text{a. 経験}\\ \text{b. 観賞}\end{array}\right\}$ しています。

［Ⅲ］ 次の言葉の意味を示している文を a〜f から選んで————で結びなさい。

1. ホームステイ　　　・　　　・a　余暇を利用して運動や娯楽を楽しむこと。

2. シンポジウム　　　・　　　・b　長所や利点のこと。

3. メリット　　　　　・　　　・c　社会事業のために無報酬で働くこと。または
　　　　　　　　　　　　　　　　　その人のこと。

4. レクリエーション・　　　　・d　あるテーマについて何人かの講演者が意見を
　　　　　　　　　　　　　　　　　述べる討論会のこと。

5. ハードウェア　　　・　　　・e　語学研修などの目的で外国の一般家庭に滞在
　　　　　　　　　　　　　　　　　すること。

6. ボランティア　　　・　　　・f　コンピューターの機械そのもののこと。

第7課　「情報を得る」

1. 係員：はい、大相撲博物館です。
   学生：あのう、ちょっとそちらの博物館についてお伺いしたいんですが。
   係員：はい、なんでしょうか。
   学生：開館時間は何時から何時までですか。
   係員：午前10時から午後4時までです。
   学生：午後4時までですね。
   係員：はい。
   学生：あの、休館日は。
   係員：毎週、月曜日です。
   学生：ああ、そうですか。入館料はいくらでしょうか。
   係員：300円です。
   学生：団体割引はありますか。
   係員：はい、ございます。20名以上になりますとお一人200円になります。
   学生：あの、博物館の中を全部見るのにどのぐらい時間がかかりますか。
   係員：そうですねえ、1時間あれば全部御覧になれるかと思いますが。
   学生：そうですか。どうもありがとうございました。

2. 係員：はい、和紙の博物館です。
   学生：あの、ちょっとお伺いしたいんですが、そちらの開館時間は何時から何時までですか。
   係員：9時半から16時半までです。
   学生：休館日はいつですか。
   係員：毎週、月曜日と、年末年始です。
   学生：入館料はおいくらですか。
   係員：200円です。
   学生：ええと、団体割引はありますか。
   係員：あいにく、ございません。申し訳ありません。
   学生：あ、そうですか。あのう、そちらで紙すきの実習をしているという記事を読んだんですが…。
   係員：ええ、毎日行っております。
   学生：何時からですか。
   係員：午後1時から3時までとなっております。
   学生：あのう、それは有料ですか。
   係員：はい、できあがった紙の郵送料込みで参加費が400円になります。
   学生：400円ですね。そうですか。どうもありがとうございました。

3. 実行委員会：はい、歌舞伎鑑賞教室実行委員会でございます。
   学生　　　：あのう、新聞で外国人のための歌舞伎観賞教室の記事を読んだんですが。
   実行委員会：はい、お申し込みでしょうか。
   学生　　　：いえ、あの、申し込みの前に詳しく伺いたいんですが。
   実行委員会：はい。

学生　　：あの、新聞には８月の４日から５日までと出ていたんですが、これは二日間ということですか。
実行委員会：はい、そうです。
学生　　：何時から何時まででしょうか。
実行委員会：午後１時から４時までです。
学生　　：午後１時から４時、と。参加費は必要ですか。
実行委員会：はい、1000円だけちょうだいします。
学生　　：そうですか。あの、歌舞伎の言葉は難しいものが多いと思うんですが、大丈夫でしょうか。
実行委員会：日常会話がおできになるなら大丈夫ですよ。英語とポルトガル語の解説もありますから。
学生　　：そうですか。あの、申し込む時はどうしたらいいんでしょうか。
実行委員会：電話で名前と住所をおっしゃってください。パンフレットをお送りしますので。
学生　　：はい、じゃあ、決まったら連絡します。どうもありがとうございました。あ、それから、定員はあり
　　　　　ますか。
実行委員会：はい、50名です。先着順ですからお早めにお申し込みください。
学生　　：ありがとうございます。じゃあどうも。

4.　係員：はい、かるた資料館です。
　　学生：あのう、私は、日本の文化について勉強している留学生なんですが、そちらで日本のかるたについて
　　　　　館長さんのお話が聞けるというのを雑誌で見てお電話しました。
　　係員：あ、そうですか。いつごろを御希望ですか。
　　学生：まだ、はっきりわからないんですが、開館時間は何時からですか。
　　係員：10時半から５時半までです。この時間帯ならいつでも館長が話をいたします。
　　学生：お休みの日はないんですか。
　　係員：水曜日が休館日です。
　　学生：あのう、どのぐらいの時間お話が伺えるんでしょうか。
　　係員：そうですね。だいたい１時間ぐらいでしょうね。
　　学生：そうですか。あのう、まだ日本語があまり上手じゃないので、ちょっと心配なんですが。
　　係員：簡単な日本語がわかる方なら大丈夫ですよ。
　　学生：そうですか。参加費は必要ですか。
　　係員：入館料の400円だけで結構ですよ。
　　学生：わかりました。じゃあ、決まったらお電話します。
　　係員：お待ちしています。

5.　交換：はい。
　　学生：あの、杉並八幡宮ですか。
　　交換：はい、そうです。
　　学生：あのう、私は留学生なんですが、そちらで弓道教室があるというのを聞いて、お電話しました。
　　交換：はい、担当に替わります。
　　係員：はい、弓道場です。
　　学生：あの、私は留学生なんですが、そちらの弓道教室に参加したくてお電話したんですが…。
　　係員：あ、はいはい。
　　学生：弓道教室には外国人も参加できますか。
　　係員：そうですねえ、簡単な日本語がわかる方ならどなたでも結構ですよ。
　　学生：そうですか。この教室はいつあるんですか。
　　係員：平日の午後１時から３時までです。

学生：土曜日や日曜日はないんですね。

係員：ええ、土日はやってないんですよ。

学生：そうですか…。あの、参加費はおいくらですか。

係員：1回2000円です。

学生：2000円…。ええと、何か道具は必要ですか。

係員：いいえ、全て、貸し出しています。あ、でも、運動しやすい服を着てきてください。

学生：あの、申し込みはどのようにすればいいですか。

係員：あらかじめ電話で予約してください。定員がありますので。

学生：定員は何人ですか。

係員：1回10名です。

学生：そうですか。どうもありがとうございました。

6.　交換：はい、新宿区役所です。

学生：あの、今度国際交流会があるというのを聞いたんですが。

交換：はい、少々お待ちください。担当の者に替わります。

係員：もしもし、お電話、替わりました。

学生：あのう、国際交流会についてお伺いしたいんですが。

係員：はい、国際交流会ですね。

学生：はい。あの、7月の7日にあるそうですが、時間は？

係員：午前9時から午後4時ごろまでの予定です。

学生：参加費は必要ですか。

係員：参加費はいりません。

学生：あ、そうなんですか。それで、具体的にはどんなことをするんですか。

係員：今年は、参加者の国に応じていろいろな国のゲームをしたり、料理を作ったりします。

学生：誰でも参加できるんですか。

係員：16歳から29歳までの方なら、外国人でも日本人でも参加できます。

学生：そうですか。定員はありますか。

係員：はい、20名までとなっています。いつも人気があって、すぐにいっぱいになりますから、早めに申し込
　　　まれたほうがいいかと思います。往復はがきで区役所あてに申し込んでください。

学生：はい。あの、区役所の住所は。

係員：新宿区………。

1 ( )

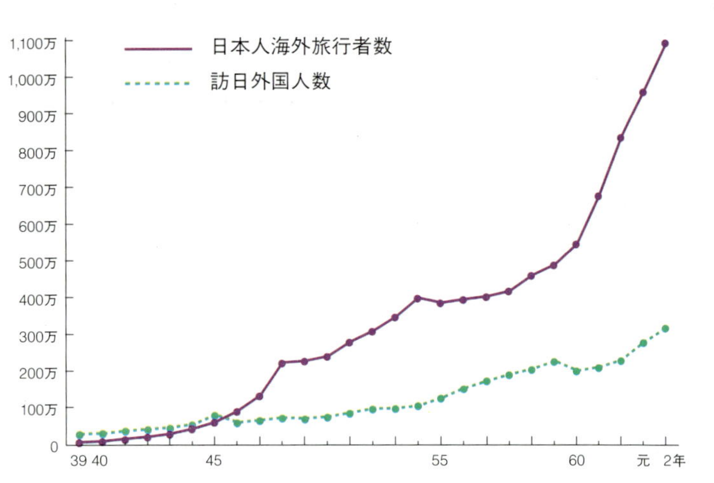

2 ( )

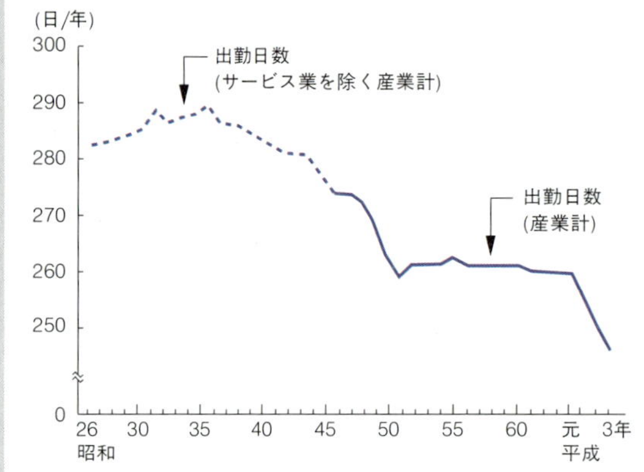

3 ( )

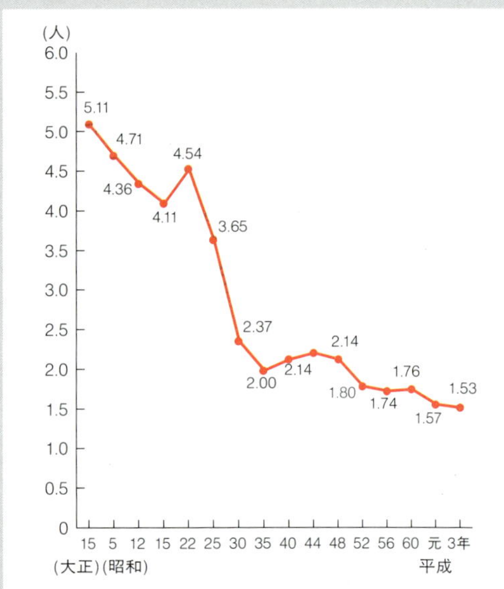

4 ( )

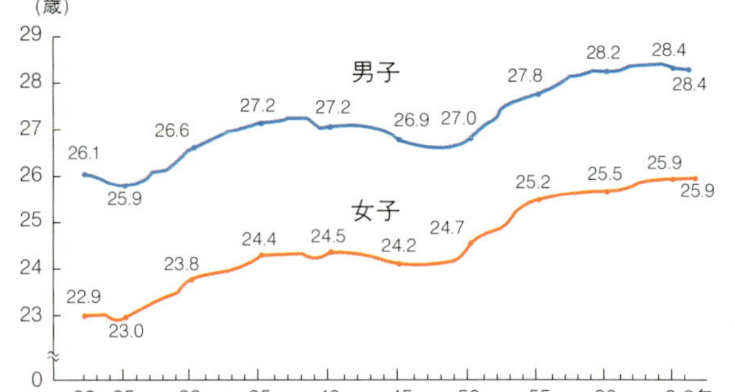

統計資料出典

a 総務庁統計局「社会生活基本調査」(平成4年)
b 厚生省「人口動態調査」(平成4年)
c 厚生省児童家庭局「児童環境調査」(平成4年)
d 法務省資料に基づく運輸省資料(平成4年)
e 経済企画庁「平成3年度国民生活選好度調査」
f 労働省「毎月勤労統計調査」(平成4年)
g 厚生省「人口統計資料集」(平成4年)

日本はどんな国ですか

ここに現在の日本を表すいろいろなグラフがあります。どれが何のグラフか考えて、
下から選んでみましょう。

a. 学生、生徒の勉強時間

b. 平均結婚（初婚）年齢の変化

c. 小学校5年生の持ち物

d. 日本人海外旅行者と訪日外国人数

e. 日本人と外国人の男女の役割意識

f. 年間出勤日数の変化

g. 女性が一生に産む子供の数の変化

6（　）

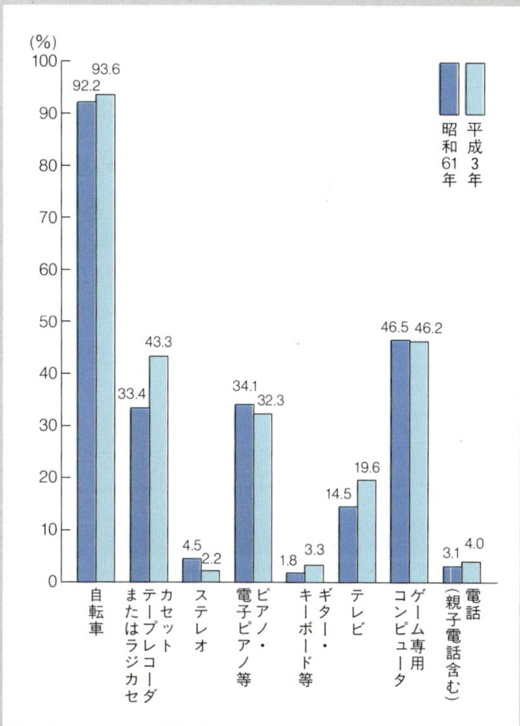

5（　）

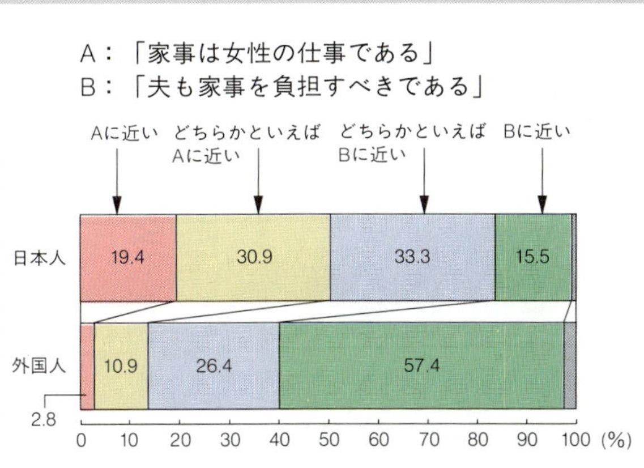

7（　）

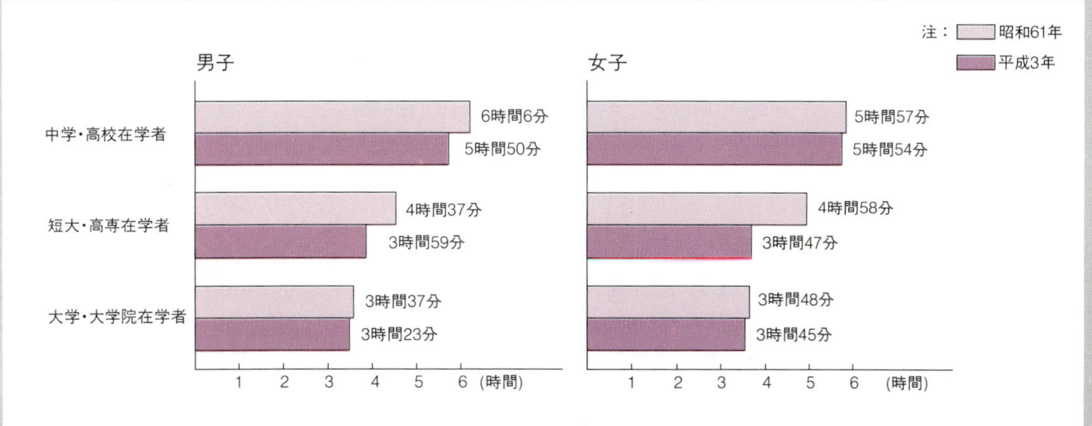

本文 8-1

対談

キャンパス通信　CAMPUS JOURNAL

笠井　サークルに入ってほかの学部の友達を作れば、将来も自分 40 とは違う分野の人とつきあうことができるし…。アルバイトや旅行も、学生の立場で世の中を見たり、社会に関心を 45 持ったりするいいチャンスだと思うんです。

アンジニ　じゃあ、留学生にとっても、そういう活動に参加するのは、勉強になると思い 50 ますか。

笠井　もちろんです。

司会　では、笠井君は留学生に対して、どんな印象を持っ 55 ていますか。

笠井　留学生の中にも本当にいろいろな人がいるので、簡 60 単には言えないと思いますが、一般的に日本人学生よりまじめに勉強している人が多いような気がします。

司会　アンジニさん、いかがですか。

アンジニ　そうですね。それは本当だと思います。（笑）それでも、笠井さんが今おっしゃったように、留学生の中にも 65 いろいろな人がいます。例えば、日本へ来た目的がはっき 70 りしない人や、日本の生活になじもうとしない人もいます。その一方で、専門の勉強だけ 75 じゃなく、日本人をよく理解しようと一生懸命な人もいます。

笠井　それは、日本人も同じですね。ただ遊んでいるだけ 80 の人も、目的に向かって必死になっている人もいますから…。

司会　最後に、アンジニさん、留学生として、日本人学生に望むことを一言お願いします。

アンジニ　はい。留学生会では、私たち留学生のことをも 85 っと理解してもらうために、これからいろいろな行事を企画していこうと考えているん 90 です。おおぜいの日本人学生の皆さんに、そのような行事に積極的に参加していただき 95 たいと思います。

司会　笠井君から、留学生に対して望むのは、どんなことですか。

笠井　そうですね。ときどき、「日本人は、こうだ」とすぐ決めつけてしまう人がいますけど、僕たちの一面だけを見ないで、いろいろな面を見て判断してほしいと思います。

司会　今日は有意義なお話をどうもありがとうございまし 100 た。お二人のこれからの御活躍を期待しています。

お互い相手はどう見える？

私たちのキャンパスにも留学生がどんどん増えてきている。お互いをよく知るために、きょうはそれぞれの代表者に、相手に対してどんな印象を持っているか、率直に話し合ってもらった。

アンジニ・ラタ
マレーシアから3年前に来日。留学生会　副会長。経済学部2年生。

笠井　拓也
東京都　出身。国際交流クラブ部長。文学部2年生。

司会　アンジニさんは、日本人の学生に対してどんな印象を持っていますか。

アンジニ　そうですねえ。これは私の個人的な印象ですが、みんな本当に生活を楽しんでいるなと思います。サークル活動とか、旅行とか…。ちょっと遊びすぎのような気もしますけど…。（笑）

司会　今のアンジニさんの意見に対して、笠井さんはどう思いますか。

笠井　確かにそうかもしれませんね。中学、高校とずっと受験勉強に追われて、大学に入ってから突然遊び始める人も多いんですよね。

アンジニ　でも、せっかく苦労して大学に入ったのに真剣に勉強しないなんて、ちょっともったいないような気がしますけど…。

笠井　うーん、そういう考え方もあるかもしれませんが、大学生活には勉強以外にもいろいろな意味があるんじゃないでしょうか。

司会　というと？

笠井　僕は、大学時代にしか経験できない勉強以外のいろいろなことが、社会に出てから役に立つんじゃないかと思うんです。

司会　具体的にはどんなことですか。

笠井　サークルとか、バイトとか、旅行とか…。例えば、

●●●文型

1 日本の大学生はちょっと遊びすぎの<u>ような気がします</u>。

　●「はっきりしないこと」の形で、意見や感想を述べる

1.　A：日本人の大学生とつきあって、何か感じたことはありますか。
　　B：そうですね。日本の大学生は、自分の考えをあまりはっきり言わないような気がします。
2.　最近の若者は、あまり政治に関心がないような気がする。
3.　都会に住んでいる人は、田舎の人より不親切なような気がする。
4.　A：この会社のビルは有名な建築家が設計したそうですが、御覧になっていかがですか。
　　B：そうですね。りっぱな建物ですが、何となく暗くて落ち着かない<u>ような感じがします</u>。

2 確かにそう<u>かもしれませんね</u>。

　●可能性があることを表す

1.　雨が降るかもしれないから、傘を持って行こう。
2.　A：今度の日曜日に映画を見に行くんですよ。
　　B：そうですか。でも日曜日は人が多いかもしれませんよ。

　●「可能性があること」の形で、意見や感想を述べる

3.　A：日本人は、一日のほとんどを会社で過ごしているような気がします。
　　B：確かに日本のサラリーマンは働きすぎかもしれませんね。
4.　A：外国語を勉強するためには、その言葉が話されている国へ行くのがいちばんいい方法ですね。
　　B：そういう考え方もあるかもしれませんが、私はそうとも言えないような気がするんです。
5.　人間にとって、生活が便利になりすぎるのは、よくないことかもしれない。

 **大学生活には勉強以外にもいろいろな意味がある<u>んじゃないでしょうか</u>。**

●意見や感想を述べる

1.　Ａ：午前中に江の島へ行って、午後からゆっくり鎌倉を回るという計画を立ててみたんですけど、どうでしょうか。

　　Ｂ：いいんじゃないでしょうか。

2.　Ａ：日本の大学生はぜいたくだと思いますか。

　　Ｂ：ううん、私はぜいたくな人は、一部なんじゃないかと思いますが…。

3.　Ａ：津田さんのお見舞い、果物と花とどっちがいいと思いますか。

　　Ｂ：私はお花のほうがいいんじゃないかと思います。

4.　Ａ：どうして、運動部は人気がなくなってきているんですか。

　　Ｂ：私の個人的な考えですが、みんな厳しい練習や上下関係を嫌っているんじゃないかと思うんです。

5.　Ａ：地下鉄の駅員さんの制服が新しくなったそうですけど、いかがですか。

　　Ｂ：そうですねえ。私は前の方がよかったんじゃないかなと思いますけど…。

 **おおぜいの日本人学生の皆さんに、行事に参加し<u>ていただきたい</u>と思います。**

●要望を述べる

1.　良子：来月のクラス会、先生もいらっしゃるかしら。

　　敬子：ぜひ出席していただきたいわねえ。

2.　政府に奨学金の種類を増やしてもらいたいと思う。

3.　服部記者：新しい首相にどんなことを望んでいますか。

　　主　婦　：そうですね。もっと物価を下げてもらいたいですね。

　　留学生　：私は外国人にもっと仕事の機会を与えてほしいと思います。

4.　若い人達には、失敗を恐れないで何でも積極的にやってほしいと思います。

5.　消費者は、メーカーに製品の説明書をもっとわかりやすくしてほしいと望んでいる。

●●●表現・語句

---

1 日本人の学生に対してどんな印象を持っていますか。

1. 最近の若者はお年寄りに対して不親切だとよく言われる。
2. よく知らない人に対しては、敬語を使ったほうがいい。
3. 最近、政治家に対する批判が多い。
4. 私は中学生の時、先生に対する態度が悪いとしかられたことがある。

---

2 これは私の個人的な印象ですが、みんな本当に生活を楽しんでいるなと思います。

1. A：この研修旅行の計画について、どう思われますか。
   B：これは私の個人的な意見なんですが、ちょっと内容が多すぎて、参加者が
   　　自由に過ごせる時間が少ないような気がします。
2. A：はじめておおぜいの日本の大学生と話をしてみて、どうでしたか。
   B：そうですね。これはちょっと感じたことなんですが、みんな元気で明るい
   　　んですけど、自分の思っていることをはっきり言わないような気がしまし
   　　た。
3. A：残った予算の使い方について、何かいいアイデアはありませんか。
   B：これは今思いついたことなんですが、新しいワープロを買ったらどう
   　　でしょうか。
4. A：旅先で体をこわさないようにするために、どんなことに注意していますか。
   B：いつも母に言われていることなんですが、生水を飲まないように
   　　しています。

---

3 ちょっと遊びすぎのような気もしますけど…。

遊ぶ　　→　遊びすぎる　　（名詞）遊びすぎ
食べる　→　食べすぎる　　（名詞）食べすぎ

1. 日本のサラリーマンは働きすぎだと言われている。
2. テレビの見すぎは目に悪い。

3. 甘い物の食べすぎで、虫歯になってしまった。

4. ゆうべは飲みすぎて、気分が悪くなってしまった。

---

4 | せっかく苦労して大学に入ったのに真剣に勉強しない<u>なんて</u>、ちょっともったいないような気がしますけど…。

1. 手紙を書いたのに返事をくれないなんて、冷たい人だなあ。
2. 試合の直前にけがをするなんて、僕は本当に運が悪い。
3. 一郎：ひどいじゃないか。1時間も遅刻するなんて…。

   武　：ごめん、ごめん。

---

5 | <u>というと？</u>

1. Ａ：大学生には、勉強以外にもいろいろしなくてはいけないことがあると思うんです。

   Ｂ：というと？

   Ａ：例えば、社会問題に関心を持つとか…。
2. Ａ：新しい会社はいかがですか。

   Ｂ：いいんですけど、いろいろ大変な面もあって…。

   Ａ：というと？

   Ｂ：仕事の内容はおもしろいんですが、残業が多いんです。
3. 先生：敬語を使うかどうかは、相手との上下関係だけではなく、親疎も考えて判断しなくてはいけません。

   学生：というと、具体的にはどんなことでしょうか。

   先生：目上の人だけではなく、あまり親しくない人やはじめて会った人にも敬語を使わなくてはいけないんです。

> **6** 笠井さんが今おっしゃった<u>ように</u>、留学生の中にもいろいろな人がいます。

1. 荒木：笠井さんは、このお金をどのように使ったらいいと思いますか。
   笠井：さっき、小野さんが言ったように、ワープロを買うのがいいと思います。
2. A：どうすれば、レポートの資料を探せるでしょうか。
   B：昨日先生がおっしゃったように、図書館へ行って聞いてみたらどうですか。
3. A：留学生は、日本人学生に対してどんな印象を持っているんでしょうか。
   B：「キャンパス通信」の対談に出ていたように、ちょっと遊びすぎだと思って
   いる人が多いんじゃないでしょうか。

●●●練習

a 例のように、意見や感想を述べる練習をしましょう。否定的な意見の時は、
「〜ような気がします」を使って婉曲に言いましょう。

例）
  A：日本の大学生に対してどんな印象を持っていますか。
  B：そうですね。私の個人的な印象ですが、<u>みんなよく遊んでいるよう</u>
    <u>な気がします</u>。（明るくて社交的な人が多いと思います。）
  A：確かにそうかもしれませんね。

1. 東京の人／周りの人に関心を持たない人が多い
2. 日本人のサラリーマン／ちょっと働きすぎだ
3. 日本人のサラリーマン／責任感が強い
4. 最近の学生／消極的だ
5. 日本人の男性／
6. 日本人の女性／
      ：

b 例のように、意見や感想を述べる練習をしましょう。

例)
A：<u>最近の大学生は遊びすぎだ</u>とよく言われますが、どう思いますか。
B：そうですね。そういう意見もあるかもしれませんが、私は<u>遊んでいる人は一部</u>なんじゃないかと思います。

1. 留学生は日本人よりまじめだ／日本人学生と変わらない
2. 東京の人は冷たい／親切な人も多い
3. 日本のサラリーマンは働きすぎだ／だんだん変わってきている
　　　　　　　⋮

c 例のように、意見や感想を述べる練習をしましょう。

例)
A：留学生に対してどんな印象を持っていますか。
B：そうですね。いろいろな人がいるので簡単には言えませんが、一般的に<u>まじめに勉強している人が多い</u>ような気がします。

1. 東京の人／他人に対して無関心だ
2. この学校の学生／おとなしい
3. 日本人の旅行客／買い物が好きな人が多い
　　　　　　　⋮

d 例のように**練習 a, b, c** のどれかに続けて、ほかの人と同じ意見を述べる練習をしましょう。

例)
A：Cさんは留学生に対してどんな印象を持っていますか。
C：私も、Bさんが今おっしゃったように、<u>まじめに勉強している人が多い</u>と思います。

投書

なのだろうか。

欧米では、中学や高校に、「スピーチ」や「作文」などという授業科目があって、自分の考えを言葉で効果的に表現する方法を教えているそうだ。相手によくわかるように書いたり話したりする技術を重視し、早くから教えているのだ。そのような教育は、日本でも当然必要だろう。母国語だから自然に身につくと考えずに、積極的に教えなくてはいけないと思う。

投書3

あいさつするのは変なことか

東京都　松井　春子（主婦　五十八歳）

私は夫の仕事で二十年近く海外で生活し、半年ほど前に帰国した。久しぶりに東京で暮らし始めて、ちょっと驚いたことがあった。

我が家は十二階建てマンションの十階にあるので、一日に何回もエレベーターを使う。私は当然のこととして、乗り合わせた人にあいさつをした。ところが、何人かの人には、迷惑そうな顔をされ、何人かには、無視されてしまったのである。自然にあいさつを返してくれたのは、年配の人だけだった。二十年の間に、日本ではこんなことが当たり前になってしまったのだろうか。

考えてみれば、以前と比べて東京は人が増え、生活のテンポも早くなり、ストレスを感じることが増えているような気がする。みんなお互いにちょっとあいさつする心のゆとりを持ちにくくなっているのだろう。しかし、そんな心のゆとりさえ持てなくて、豊かな社会と言えるのだろうか。

私は今もあいさつを続けている。こんな普通のことをするのに勇気が要るのは、少し変だと思いながら……。

若者に日本語の表現力を

横浜市　長谷川　洋介（会社員　四十七歳）

先日、若者の日本語力の低下が激しいので、大学の理科系学部で「国語」の授業を始めたという記事を読んだ。私は、以前からこのことを問題だと感じていたので、大学の対応は遅すぎると思った。私の会社でも、若い社員の書いた報告書は、何回も直さなくてはいけない。ビジネス文書の形式を知らないだけではなく、文章表現が下手で、何が言いたいのかわかりにくいのだ。

若者たちは、本の代わりに漫画を読み、パソコンに向かって時間をつぶし、マークシート方式の試験を受ける。きちんとした言葉を使う機会が減れば減るほど、言語能力は低下するだろう。日本人なのに日本語力が足りないというのは、笑えない話である。この傾向をくい止めるために、私たちは何をすればいいのだろうか。大学で対策を考えるだけで、十分

包装の見直しが必要では

町田市　ジョディー・ヤノ（留学生　二十六歳）

私は子供の時、よく日本のお菓子をお土産にもらった。包装紙や箱を開けたらまたその中に別の包装があり、一つ一つ開けていくのはとても楽しみだった。最後に出てきたお菓子は意外と小さかったが、なんとなく、日本人の文化や伝統を感じることができた。

ところが、日本で暮らし始めてからは、過剰包装に悩まされるようになった。こちらでは生活に必要な品物を買うと、トレー、箱、紙、袋などで、すぐごみ箱がいっぱいになってしまう。たぶん、日本では外観のよくない商品は売れないのだろう。でも、こんなにたくさんの紙や箱をどんどん消費していっていいのだろうか。

今、地球の環境汚染は深刻になり、資源も少なくなってきている。こんな時代には、包装を重視する日本人も、美しい包装は伝統的な贈り物などの特別な機会だけに残して、普段の生活の中の無駄な包装は、見直したほうがいいのではないだろうか。

●●●文型

5 若い社員の書いた報告書は、何回も直さ<u>なくてはいけない</u>。

　　●する必要がある／自分で必要だと考える

1.　A：引っ越しする時は、区役所に行って住所変更を<u>しなければいけない</u>んですよ。

　　B：えっ、そうなんですか。

2.　面接官：この学校に入ったら、日本人学生と同じように、毎週レポートを<u>書かなければなりません</u>が、できると思いますか。

　　受験生：はい。だいじょうぶだと思います。

3.　テストまでもう時間がないのに、今日もだらだらと遊んでしまった。あしたからは、もっとまじめに勉強しなくてはいけない。

4.　私たちは、社会の高齢化について、もっと真剣に<u>考えなければいけない</u>。

5.　自然を大切にするために、一人一人が<u>努力しなくてはならない</u>と思う。

6.　A：いっしょに帰らない？

　　B：今日はちょっと…。アルバイトに<u>行かなくちゃいけない</u>んで…。

7.　A：隣のグループは、もう課題が終わっているよ。

　　B：私達も<u>がんばらなきゃ</u>。

6 きちんとした言葉を使う機会が減れば減るほど、言語能力は低下する<u>だろう</u>。

　　●推測する

1.　日本は、これからもますます高齢化が進むだろう。

2.　もし、東京で大地震が起こったら、すべての交通機関が止まってしまうだろう。

3.　恐らく、自分の生活が豊かだと思っているのは、日本人の半数ぐらいだろう。

　　●「推測」の形で、書き言葉の中で意見を述べる

4.　環境をよくするためには、今すぐ一人一人が生活を変えることが必要だろう。

5.　人間の行為の中で一番悲惨なものは戦争であろう。

7  この傾向をくい止めるために、私たちは何をすればいいのだろうか。
大学で対策を考えるだけで、十分なのだろうか。

●問いかける

1. 日本へ来る外国人が最近急に増えてきた。どうして、このように増えてきたの
だろうか。一つ考えられることは、〜

2. この10年間の間に、東京の人口はどのように変化したのだろうか。下のグラ
フは、各区の人口の移り変わりを示している。〜

3. どうして日本の電車はこんなに込んでいるのだろうか。

4. このまま温暖化が進んだら、地球はいったいどうなるのでしょうか。

5. 結婚したくない人が増えているというのは本当なのだろうか。この問題につい
て東京に住む男女20人にインタビューしてみた。その結果〜

6. 日本語の表現力さえない若者が、外国語を習得できるのだろうか。

7. 一度も苦しい経験をしたことがない人が、いい教師になれるのだろうか。

8 たぶん、日本では外観のよくない商品は売れないのだろう。

●原因、理由を推測して述べる

1. 最近、デパートの売り上げが伸びている。景気がよくなってきているのだろう。

2. ストレスが原因の病気は、30代、40代に多いという。たぶん、そのぐらいの
年齢がいちばん仕事が忙しくて大変な時期なのだろう。

3. ボランティア活動に参加しているのは、女性が多い。きっと男性は会社の仕事
やつきあいが忙しくて、参加できないのだろう。

 普段の生活の中の無駄な包装は、見直したほうがいい<u>のではないだろうか</u>。

●主張を述べる

1. 暴力的なテレビ番組は、子供の心に悪影響を与えるのではないだろうか。
2. 国際交流を進めるためには、まずお互いの文化や習慣をよく理解することが、大切なのではないだろうか。
3. 交通事故を少なくするために、もっと交通規則を厳しくしなくてはいけないのではないだろうか。
4. 勉強も大切ですが、社会に出ていろいろな経験をすることが、もっと大切<u>なのではないでしょうか</u>。

●●●表現・語句

7 最後に出てきたお菓子は、<u>意外と</u>小さかった。

1. 敬子さんはおとなしい人だと思っていたが、話してみたら意外とおしゃべりだった。
2. アンケートをした結果、日本語の勉強が難しいと感じている人は、意外と少なかった。
3. 伊豆大島が東京都だということは、<u>意外に</u>知られていない。

8 日本で暮らし始めてからは、過剰包装に悩ま<u>される</u>ようになった。

グループ１の動詞の使役受身形		
悩ませられる	－	悩まされる
待たせられる	－	待たされる
書かせられる	－	書かされる

1. 昨日病院へ行ったら、込んでいて１時間も待たされた。
2. 野球をやっていた時は、毎日よく走らされた。
3. 話を聞いて、意外な事実に驚かされた。

9 何人かの人には、迷惑そうな顔をされてしまった。

1. 「今日のネクタイ、すてきですね。」と言ったら、佐藤さんはとてもうれしそうな顔をした。
2. ダニーさんは、テストの結果がよくなかったので、残念そうな顔をしている。
3. 伸ちゃんは、野球の試合に勝ったことを得意そうな顔でお母さんに話した。

10 以前と比べて東京は人が増え、ストレスを感じることが増えている。

1. 東京は、日本の他の都市と比べて物価が高い。
2. 学生寮は、一般のマンションやアパートと比べて家賃が安い。
3. 一般的に、専門学校は大学に比べて実践的な授業が多い。

●●●練習

e 例のように、会話の練習をしましょう。

例) 　A：一緒に映画を見に行かない？
　　　B：今日はちょっと…。アルバイトに行かなくちゃ／行かなきゃいけないので…。／いけないんで…。

1. ビールを飲む／レポートを書く
2. ボーリングをする／病院へ行く
3. お茶を飲む／早く帰って宅配便を受け取る
4. 買い物／図書館に本を返しに行く
5. プール／テストの勉強をする

f-1 三つの投書の内容と合っているものに○、合っていないものに×をつけなさい。

投書1　1.（　　）大学の理科系学部で国語の授業をする必要はない。

2.（　　）私の会社の若い社員も、文章を書く力に問題がある。

3.（　　）欧米の高校では、書いたり話したりする力を伸ばすことを重視している。

4.（　　）中学生、高校生の時から、自分の考えを表現する方法を教える必要がある。

5.（　　）日本人の若者に日本語を教えることは、今は必要ないが、将来、必要になる。

6.（　　）母国語は自然に身につくから、学校で教えなくてもいい。

投書2　1.（　　）日本で暮らしながら、きれいな包装紙や箱を集めるのは、楽しい。

2.（　　）日本では、外観のよくないものは売れないから、包装が多くなる。

3.（　　）きれいに包装するのは大切なことだから、そのために、紙や箱をたくさん使うのはしかたがない。

4.（　　）日本人に包装について考え直してほしい。

投書3　1.（　　）20年前は、お互いにあいさつをすることは、当たり前だった。

2.（　　）エレベーターの中では、あいさつをしないほうがいい。

3.（　　）生活の中のストレスが増えたから、あいさつをする心のゆとりがなくなった。

4.（　　）あいさつする心のゆとりがないのは、日本が豊かな社会だからだ。

5.（　　）お互いにあいさつをするぐらいの心のゆとりを持ったほうがいい。

6.（　　）私は、無視されるのは嫌だから、もうあいさつするのはやめようと思っている。

f-2 f-1で○を付けたものの中から、それぞれの筆者がいちばん言いたいことを一つ選んでその番号を書きなさい。

投書1　………………　投書2　………………　投書3　………………

第8課  聴解 「グラフと投書から」

［Ⅰ］

テープの中では、男の人と女の人が話し合っています。例のように、まず、どちらがどちらの意見か線で結び、それから二人の言っていることをメモしましょう。

例）「日本人海外旅行者と訪日外国人」のグラフを見て

日本人海外旅行者と訪日外国人の数が
増えていることは、日本人の国際化に役に
立っていると

| 思う | 思わない |

・まず .... が増え
てから、次に ....
な国際交流ができるようになる。

・留学生は ....
と悩んでいる。

・日本人が海外旅行に行っても、
.... ことは少ない。

1. 「日本人と外国人の男女の役割意識」のグラフを見て

このグラフから、「日本は女性にとって住みにくい」
と言えると

| 思う | 思わない |

・アンケートに答えたのが ....
か .... かわからない。

・............... が家事は自分の仕事だと
思っているのかもしれない。

・男女の役割について、決まった考
えが社会の中にあるのは ....
.... 。

・自分は .... と
考えるほうだから、そう思う。

2.　「あいさつするのは変なことか」の投書を読んで

近所の人にあいさつするのは
当たり前だと　　思う　　　思わない

・自分の田舎では……………………に
　あいさつする。
・あいさつをしたほうが………………
　………………………。
・隣の人と会った時にちょっとあい
　さつすることは…………………。

・エレベーターの中は………………
　と同じだ。
・都会のマンションでは………………
　………………………ので、あいさ
　つするとかえって………………。

[II]

皆さんも、教科書のグラフや**本文2**の投書について話し合ってみましょう。

第8課 接続詞と副詞

●接続詞

1. 敏子さん、お手紙ありがとうございました。元気にお仕事をしていらっしゃる様子、うらやましく思います。（　　　）、先日部屋の整理をしていたら、3年前に敏子さんに借りたまま忘れていた本が出てきました。…

2. 今年の夏は、暑い日が少なかった。（　　　）クーラーの売れ行きが例年と比べて非常に悪かった。

3. スポーツフェスティバルに申し込みをした人は48人だった。（　　　）、実際に来たのは22人だった。

$$\{\ \ それで\ \ \ ところが\ \ \ ところで\ \ \}$$

●副詞

1 ちょっと （本文1）

1. テレビのレポーターが事故や災害にあった人にインタビューするのは、ちょっとやりすぎだと思う。
2. 子供に高級品を買い与えるのは、ちょっと問題だ。

2 せっかく （本文1）

1. せっかくコンサートの切符を買ったのに、都合が悪くて行けなかった。
2. せっかくいらっしゃったんですから、晩御飯を食べて行ってください。

3 ただ〜だけ （本文1）

1. ただ文法を覚えるだけでは、外国語は上手にならない。
2. 部屋の中には、ただ机が一つあるだけで、ほかには何もなかった。

4 当然 （本文2）

1. 他人から借りた物は、当然その人に返さなくてはいけない。
2. 吉田さんは、前回の会議に出ていたから、今日の会議が延期されたことは当然
知っているはずだ。

▶▶▶

1. 1か月20万円の家賃は、（　　　　）高すぎる。
2. 物を買えば、（　　　　）金は出ていく。
3. （　　　　）カメラを持って行ったのに、1枚も写真を撮らなかった。
4. パーティーで（　　　　）飲んだり食べたりしているだけでは、つまらない。

{ ちょっと　　せっかく　　ただ　　当然 }

第8課　練習問題

1 〈文型1〉 ………に適当な意見を書きなさい。

1.　A：日本のサラリーマンについてどう思いますか。
　　B：日本のサラリーマンは ………………………………………………
　　　　ような気がします。

2.　A：日本の大学生にはどんな問題があると思いますか。
　　B：日本の大学生は、………………………………………………
　　　　ような気がします。

3.　A：日本人とつきあってみて、問題を感じたことがありますか。
　　B：日本人は ………………………………………………
　　　　ような気がします。

2 〈文型2〉 適当なものを選びなさい。

1.　A：日本のサラリーマンは、一日のほとんどを会社で過ごしているような気がします。
　　B：確かに、
　　　　a．日本のサラリーマンは働きすぎ
　　　　b．会社は大切
　　　　c．あまり仕事をしない人もいる
　　　　かもしれませんね。

2.　A：最近の若い人は、電車の中でお年寄りに席を譲ろうとしませんね。
　　B：確かに
　　　　a．お年寄りは電車の中では座ったほうがいい
　　　　b．このごろの若い人はお年寄りに冷たい
　　　　c．いつも電車が込んでいる
　　　　かもしれませんね。

3．A：田舎のほうが、都会よりも環境がいいし、人も親切なんじゃないかと思いま
　　　す。

　　B：そうですね。確かに
{
a. 人間にとって環境は大切
b. 都市化が進んでいる
c. 田舎のほうが住みやすい
}
かもしれませんね。

3〈文型3〉　..........に適当な意見を書きなさい。BさんはAさんとは違う考えを持って
います。

1．A：明日は9時5分の電車だから、集合時間を9時にしようと思うんですが、ど
　　　うでしょうか。

　　B：＿＿＿＿＿＿＿＿＿＿＿＿＿＿＿＿＿＿＿＿＿＿＿＿＿＿＿＿んじゃ
　　ないでしょうか。

2．A：日本人の知り合いに、お中元にタオルを贈ろうと思っているんですが、どう
　　　思いますか。

　　B：＿＿＿＿＿＿＿＿＿＿＿＿＿＿＿＿＿＿＿＿＿＿＿＿＿＿＿＿＿＿＿
　　んじゃないかと思いますよ。

4〈文型4〉　例のように「～てもらいたい」「～てほしい」を使って要望を書きなさい。

例）

困っていること

| 学校の図書館は
本の種類が少ない |

→　〈図書館に対する要望〉
　　本の種類を増やしてほしい。

1．　困っていること

| |

〈　　　　　　　　　に対する要望〉

→　＿＿＿＿＿＿＿＿＿＿＿＿＿＿＿＿

2.　困っていること

<　　　　　　　　　　　　　に対する要望>

→ ....

5〈文型5〉「～なくてはいけない／～なければならない」を使って文を完成させなさい。

1.　10月5日　晴れ

今日から中級の勉強が始まる。難しい言葉がたくさん教科書に出ているので、

毎日 ....。大変だけど、がんばろう。

2.　先週からのどが痛いし、せきが止まらなくなることが多い。医者にたばこの吸い

すぎはよくないと注意された。健康のために ....。

3.　ごみが爆発的に増えている。数年後には、ごみを捨てる場所がなくなると言われ

ている。私たちは ....。

6〈文型6〉「～だろう」を使って .... に適当な言葉を書きなさい。

1.　パソコンを持っている人の割合は、近い将来、今の14パーセントから50パーセ

ントぐらいにまで、...。

2.　もし、この町にデパートができたら、昔からある小さい店は ....

....。

3.　今、忙しい日本のサラリーマンにいちばん必要なものは ....

....。

7 〈文型7〉「～のだろうか／のでしょうか」を使って文を完成させなさい。

1. 日本では、1年間に生まれる子供の数がどんどん減っている。どうしてこのように
   ＿＿＿＿＿＿＿＿＿＿＿＿＿＿＿＿＿＿＿＿＿＿＿＿＿＿＿＿＿＿＿＿＿＿＿＿＿＿＿。

2. 今朝、近所の公園へ散歩に行ったら、ごみ箱の横に山のようなごみが捨てられて
   いました。いったい、＿＿＿＿＿＿＿＿＿＿＿＿＿＿＿＿＿＿＿＿＿＿＿＿＿＿＿＿。

3. 私はどんなにがんばってもテストでいい点を取ることができません。一生懸命勉
   強しても、習ったことが覚えられないのです。私は ＿＿＿＿＿＿＿＿＿＿＿＿＿＿＿
   ＿＿＿＿＿＿＿＿＿＿＿＿＿＿＿＿＿＿＿＿＿＿＿＿＿＿＿＿＿＿＿＿＿＿＿＿＿＿＿。

4. 女性向けの雑誌には、いつもいろいろなダイエットの記事が出ている。中には、
   りんごだけを三日間食べ続けるとか、毎日酢を飲むというような方法も紹介され
   ている。こんな方法で、＿＿＿＿＿＿＿＿＿＿＿＿＿＿＿＿＿＿＿＿＿＿＿＿＿＿＿。

8 〈文型8〉「～のだろう／～のでしょう」を使って原因や理由を推測する文を完成させなさい。

1. 最近、小中学校の修学旅行で、他人と一緒にふろに入れない子供たちが増えてい
   る。ふろ付きの家が当たり前になってから生まれた子供たちは、たぶん銭湯に行
   った経験が ＿＿＿＿＿＿＿＿＿＿＿＿＿＿＿＿＿＿＿＿＿＿＿＿＿＿＿＿＿＿＿＿＿。

2. 2階の部屋の人は、いつも大きい音で音楽を聞いていたが、昨日から急に静かに
   なった。たぶん誰かが ＿＿＿＿＿＿＿＿＿＿＿＿＿＿＿＿＿＿＿＿＿＿＿＿＿＿＿＿。

3. 最近、子供が道で遊んでいる姿をあまり見かけなくなりました。きっと子供たち
   は塾や習い事で ＿＿＿＿＿＿＿＿＿＿＿＿＿＿＿＿＿＿＿＿＿＿＿＿＿＿＿＿＿＿＿。

9〈文型9〉{　　}の中から適当なものを選んで、「〜のではないだろうか／〜のではないでしょうか」を使って　　　　　に書きなさい。

1.　日本語の会話力が伸びないと悩んでいる留学生が多いが、彼らの中には教室で習った言葉を外で使おうとしない人も多い。会話の習得には、知識だけでなく、

　　　　　　　　　　　　　　　　　　　　　　　　　　　　　　　　　　　　　　。

2.　調査によると、小学校5年生の子供の20パーセント近くが、自分専用のテレビを持っているそうだ。これはいいことなのだろうか。自分の部屋で一人でテレビを見るより家族と一緒に過ごしたほうが、子供にとっては

　　　　　　　　　　　　　　　　　　　　　　　　　　　　　　　　　　。

3.　日本人は働きすぎだと言われています。実際、忙しくて休もうにも休めないとか、会社が休ませてくれないとかという声をよく聞きます。でも、一人一人が自分の健康は自分で守ろうという気持ちを

　　　　　　　　　　　　　　　　　　　。

4.　政治には全然興味がないという若者が増えている。若者だけではなく、おおぜいの人々が政治は政治家に任せておけばいいと考えている。しかし、その政治家を選ぶのは私たちなのだから、やはり政治は

　　　　　　　　　　　　　　　　　　。

{　幸せだ　　持たなくてはいけない　　みんなの問題だ　　経験も必要だ　}

10 〈文型 5〜9〉 1、2、3 に当てはまるものを、下のＡ、Ｂ、Ｃから選びなさい。

> ……………………………………1（　　）……………………………………
> ……………………………それは、雪が溶けるにつれて、下から無数の空き缶や
> ごみが出てくることだ。それらは、冬の間スキーをしに来た人々の「置き土
> 産」である。人が集まる所は、どこも汚れやすいが、雪の下から出てくるご
> みの量は、特に多いような気がする。
> ……………………………………2（　　）……………………………………
> ………………………………………………………………………たぶん、
> 深い雪の中にごみを捨ててもあまり目立たないので、みんな気軽に捨ててし
> まうのだろう。しかし、それらは消えてしまうわけではなく、春になると出
> てきて地元の住民を悩ませるのだ。
> 　スキー場に人が集まるのは大変よいことだが、何か月か後に、このような
> 汚い置き土産を見るのは本当に悲しいことである。……………………………
> ……………………………………3（　　）…………………………スキーヤーの
> 皆さんに、ぜひ一度この春先のごみの山を見て、考えていただきたいと思う。

Ａ　スキー客の皆さんは、ごみを捨てる時にそれが後でどうなるか、全然考
えなかったのだろうか。自分たちだけその時楽しければいいと考えてい
たのだろうか。

Ｂ　訪れる人にも、もっとみんなの場所をみんなで守ろうという気持ちが必
要なのではないだろうか。

Ｃ　私は信州のスキー場の近くに住んでいるが、春先になると嫌な気持ちに
なることがある。

第8課　語句クイズ

[Ⅰ] 当てはまるものに○を付けなさい。二つ以上あることもあります。

1. 個人的 {の／な／に} 意見を述べる。
2. 真剣 {の／な／に} 話し合う。
3. 有意義 {の／な／に} 話を聞いた。
4. 深刻 {の／な／に} 水不足が続いている。
5. 昨日は私にとって特別 {の／な／に} 一日だった。
6. ホームステイをすれば、その国の普段 {の／な／に} 生活を見ることができる。
7. これからは時間を無駄 {の／な／に} 使わないようにしよう。
8. 困っている人を助けるのは、当然 {の／な／に} ことだ。
9. 最近は、年配 {の／な／に} 人もファッションに興味を持つようになった。

[Ⅱ] {　　　}の中の言葉を適当な形にして(　　　)に書きなさい。

1. 毎日仕事に(　　　　　　　　　)、ゆっくり本を読む暇がない。
2. 最近、頭痛に(　　　　　　　)いる。
3. オーストラリア人のジョディーさんとは、旅行中に同じ飛行機に
   (　　　　　　　)ことがきっかけで友達になった。
4. 他人と意見が対立した時には、相手のほうが間違っていると(　　　　　　　)な
   いで、冷静に相手の言うことを聞いたほうがいい。
5. 待ち合わせの時間より30分も早く着いたので、本屋に入って時間を
   (　　　　　　　)。
6. 最近の大学生は、どんなことに関心を(　　　　　　　)いるのだろうか。
7. 外国でいろいろ苦労を(　　　　　　　)ことも、いい経験だ。
8. 学生時代にいろいろな人と(　　　　　　　)、自分とは違う考え方を知ることが
   できた。

> 乗り合わせる　　決めつける　　つぶす　　追われる
> つきあう　　持つ　　する　　悩まされる

［Ⅲ］　{　　}　の中から適当な言葉を選んで（　　）に書きなさい。

1．山に登る時は、天気予報を聞いて、出発するかどうか慎重に（　　　　）することが大切だ。

2．本格的に写真の勉強ができると（　　　　）して、専門学校に入学した。

3．芸術学部の入学試験では、実技の点数が（　　　　）される。

4．私たちは、毎日の生活の中で大量の電力を（　　　　）している。

5．いいホテルかどうかは、客からの苦情や要望に対する（　　　　）を見ればわかる。

6．日本には、石油、石炭などの（　　　　）は、あまりない。

7．地震が起きた時にどうするか、その（　　　　）を考えておかなくてはいけない。

8．人の（　　　　）だけをみて、どんな人か判断するのは危険である。

9．ファッションデザイナーとして（　　　　）するのが私の夢だ。

> 活躍　　資源　　消費　　重視　　一面
> 期待　　対応　　対策　　判断

［Ⅳ］　次の言葉の中で、「する」を付けられるものに○を付けなさい。

1．苦労　　2．真剣　　3．立場　　4．関心　　5．行事
6．判断　　7．対応　　8．対策　　9．消費　　10．汚染

［Ⅴ］　{　　}　の中から適当な言葉を選んで（　　）に書きなさい。

1．（　　　　）な性格の人は、友達ができやすい。

2．着物は日本の（　　　　）な衣装である。

3．説明は、できるだけ（　　　　）にしたほうがわかりやすい。

4．私は仕事で旅行することが多いが、（　　　　）には旅行はあまり好きではない。

5．（　　　　）に、男性は女性より声が低い。

6．健康のためには、運動を毎日少しずつ続けるのが（　　　　）だ。

> 個人的　　具体的　　一般的　　効果的　　社交的　　伝統的

第8課　「グラフと投書から」

例）男：この海外旅行する人の増え方はすごいですね。
　　女：確かにそうですね。反対に日本へ来る外国人の数も、同じぐらい急激に増えてますね。
　　男：日本人の生活も国際的になったと言えますね。
　　女：ああ、そうですねえ…。確かにこのグラフを見ると外国へ行ったり日本へ来たりする人の数は増えていますけど、本当に日本人の生活は国際的になったんでしょうか。
　　男：ううん…。
　　女：私は、そう考えるのはちょっと難しいような気がするんです。
　　男：どうしてですか。
　　女：私には、留学生の知り合いが何人かいるんですけど、日本人と親しくつきあう機会があまりないと言って、悩んでいる人が多いんですよ。
　　男：そうですか。
　　女：それに、日本人が海外旅行に出かけても、その国の人と話をしたり、その国の生活を理解したりすることは、あまり多くないんじゃないかと思うんです。
　　男：ふうん、確かにそうかもしれませんねえ。
　　　　でも、これは私の考えなんですが、まず、交流する人が増えることが、国際化の第一歩なんじゃないかなと思うんです。
　　女：ああ、なるほどねえ。
　　男：外国へ行ったり外国から来たりする人の数がどんどん増えたら、それから次に少しずつ意味のある国際交流ができるようになっていくんじゃないでしょうか。

1.　女：これを見てわかるように、やっぱり日本人は「家事は女性の仕事だ」って考える人が多いんですね。
　　男：まあ、そうですね。
　　女：やっぱり外国と比べて、日本は女性にとって住みにくい所のようですね。
　　男：ううん。そう見えるかもしれませんが、このグラフから単純にそうは言えないような気がするんです。
　　女：はあ？　そうでしょうか。
　　男：ええ、あのう、このアンケートに答えた人が男か女か書いてありませんから、「家事は女の仕事だ」と思っているのが男女どちらかわからないんじゃないでしょうか。
　　女：ああ、それはそうですね。
　　男：だから、女性が自分で「家事は自分たちの大切な仕事だ」と思っているのかもしれませんよ。
　　女：ふうん、でも、やっぱり「これは男の仕事、これは女の仕事」のように、決まった考えが社会の中にあるのは、あんまりよくないような気がします。私は、自分がいろいろなことにチャレンジしてみたいと考えるほうなので、そう思うのかもしれませんが…。

2.　女：この投書をした人はちょっと考えすぎのような気がしますけど…。
　　男：というと？
　　女：ええと、エレベーターってまあ、道と同じですよねえ。
　　男：ふん。
　　女：うちのそばの道で会う人に、一人一人あいさつなんかしないでしょう、普通は。
　　男：確かに、そういう考え方もあるかもしれませんけど、ぼくのうちのある長野の田舎では、道で会った人にあいさつしますよ。誰にでも。

女：えっ、本当ですか。日本にもまだそんなところがあったんですか。

男：えっ、ぼくはそれが普通だと思いますよ。あいさつしたほうがお互いに気分がいいし、ほっとするでしょう。

女：でも、それはもともと近所の人と知り合いだからそうなんじゃありませんか。都会のマンションでは、隣がどんな人かわからないことのほうが多いですから、かえって疲れるような気がしますけど…。お互いに無関心でいられるのって、都会生活のいいところじゃないでしょうか。

男：そうでしょうかねえ。もちろん近所の人と親しくつきあう必要はないけど、ちょっと顔を合わせた機会に軽くあいさつするのって、やっぱり必要なことじゃないかと思いますけど…。

NEW Bunka NIHONGO 중급 2

초판발행_ 1995년 6월 15일
1판 4쇄_ 2010년 9월 30일

저자_ 文化外国語専門学校日本語科
표지디자인_ 신영미
펴낸이_ 엄호열
펴낸곳_ (주)시사일본어사
등록일자_ 1977년 12월 24일
등록번호_ 제300-1977-31호
주소_ 서울 종로구 원남동 13번지
전화_ 1588-1582(교재구입문의)
02)3671-0572(교재내용문의)
팩스_ 02)3671-0500
홈페이지_ book.japansisa.com
이메일_ tltk@chol.com

ISBN 978-89-402-4126-4 18730
(set) 978-89-402-4120-2 18730

日本 文化外国語専門学校日本語科와 라이센스 독점 출판